AUTORE

Gabriele Malavoglia è nato a Milano nel 1989. Dopo aver completato gli studi liceali, si è trasferito in Spagna per proseguire gli studi universitari, rimanendo in terra iberica anche dopo la laurea. Appassionato fin da bambino di Storia militare italiana e spagnola, è uno studioso autodidatta e sta muovendo i primi passi nel campo dell'editoria. Vive a Saragozza e lavora come consulente logistico per alcune aziende locali.

PUBLISHING'S NOTES

None of unpublished images or text of our book may be reproduced in any format without the expressed written permission of Luca Cristini Editore (already Soldiershop.com) when not indicate as marked with license creative commons 3.0 or 4.0. Luca Cristini Editore has made every reasonable effort to locate, contact and acknowledge rights holders and to correctly apply terms and conditions to Content.
Every effort has been made to trace the copyright of all the photographs. If there are unintentional omissions, please contact the publisher in writing at: info@soldiershop.com, who will correct all subsequent editions.
Our trademark: Luca Cristini Editore©, and the names of our series & brand: Soldiershop, Witness to war, Museum book, Bookmoon, Soldiers&Weapons, Battlefield, War in colour, Historical Biographies, Darwin's view, Fabula, Altrastoria, Italia Storica Ebook, Witness To History, Soldiers, Weapons & Uniforms, Storia etc. are herein © by Luca Cristini Editore.

LICENSES COMMONS

This book may utilize part of material marked with license creative commons 3.0 or 4.0 (CC BY 4.0), (CC BY-ND 4.0), (CC BY-SA 4.0) or (CC0 1.0). We give appropriate attribution credit and indicate if change were made in the acknowledgments field. Our WTW books series utilize only fonts licensed under the SIL Open Font License or other free use license.

For a complete list of Soldiershop titles please contact Luca Cristini Editore on our website: www.soldiershop.com or www.cristinieditore.com. E-mail: info@soldiershop.com

Titolo: **CARRI ARMATI DELLA GUERRA CIVILE SPAGNOLA - VOL. 3** Code.: **WTW-053 IT** di Gabriele Malavoglia
ISBN code: 9791255890577 prima edizione gennaio 2024
Lingua: italiano; layout: 177,8 x 254mm Cover & Art Design: Luca S. Cristini

WITNESS TO WAR (SOLDIERSHOP) is a trademark of Luca Cristini Editore, via Orio 33D - 24050 Zanica (BG) ITALY.

WITNESS TO WAR

CARRI ARMATI DELLA GUERRA CIVILE SPAGNOLA - VOL. 3

PROTOTIPI E TIZNAOS

PHOTOS & IMAGES FROM WORLD WARTIME ARCHIVES

GABRIELE MALAVOGLIA

BOOKS TO COLLECT

INDICE

Introduzione .... pag. 5

Tiznaos .... pag. 7

    Constructora Field di Barcelona .... pag. 15

    Autocarri blindati Ebro .... pag. 35

    Autoblindo Mercier II .... pag. 35

    Autocarri blindati Torras .... pag. 36

    Autocarri blindati Girona .... pag. 36

    Autocarro blindato Ferrol .... pag. 36

    Colorazione dei "tiznaos" .... pag. 39

Prototipi di produzione spagnola .... pag. 75

    Carro Ligero Trubia Serie A Modelo 1926 .... pag. 75

    Carro de Combate Ligero Para Infantería Modelo 1936 .... pag. 79

    Carro armato "Trubia - Naval" .... pag. 79

    Carro de Combate de Infantería Tipo 1937 .... pag. 83

    Carro Barbastro .... pag. 84

    Carro IGC Sadurní de Noya .... pag. 85

    Carro armato Landesa .... pag. 88

    Carro armato Verdeja .... pag. 90

    Blindato UNL Goliath .... pag. 95

    Blindado Oteyza modello 1935 .... pag. 95

Ringraziamenti .... pag. 96

Bibliografia .... pag. 97

INTRODUZIONE

Dopo avere affrontato nei precedenti volumi tematiche fondamentali come l'organizzazione e la storia delle unità corazzate Repubblicane e Nazionaliste (volume 1) e i diversi mezzi corazzati impiegati nella Guerra Civile Spagnola, affronteremo in queste pagine altri due argomenti focali inerenti ai blindati messi in campo in Spagna, durante quella che fu la prima vera guerra "corazzata" della storia.

In primis, verrà affrontata la disanima di quegli oggetti assolutamente "tipici" del conflitto, i camion blindati, i cosiddetti "Tiznaos", vera icona del conflitto iberico. I camion blindati nacquero come risposta artigianale e, oserei dire, spontanea, alla fame senza fine di mezzi corazzati da impiegare nel magma della Guerra Civile e ne rappresentano tutt'ora un tratto caratteristico nell'immaginario collettivo.

Un altro interessante (e misconosciuto) aspetto è la notevole ideazione e produzione di prototipi di carri armati, generati dalla sentita necessità di giungere alla produzione industriale di un carro "nazionale", ideato, nato e costruito in Spagna, con cui armare le unità blindate, che si erano ormai dimostrate necessarie ed imprescindibili nel contesto della guerra moderna.

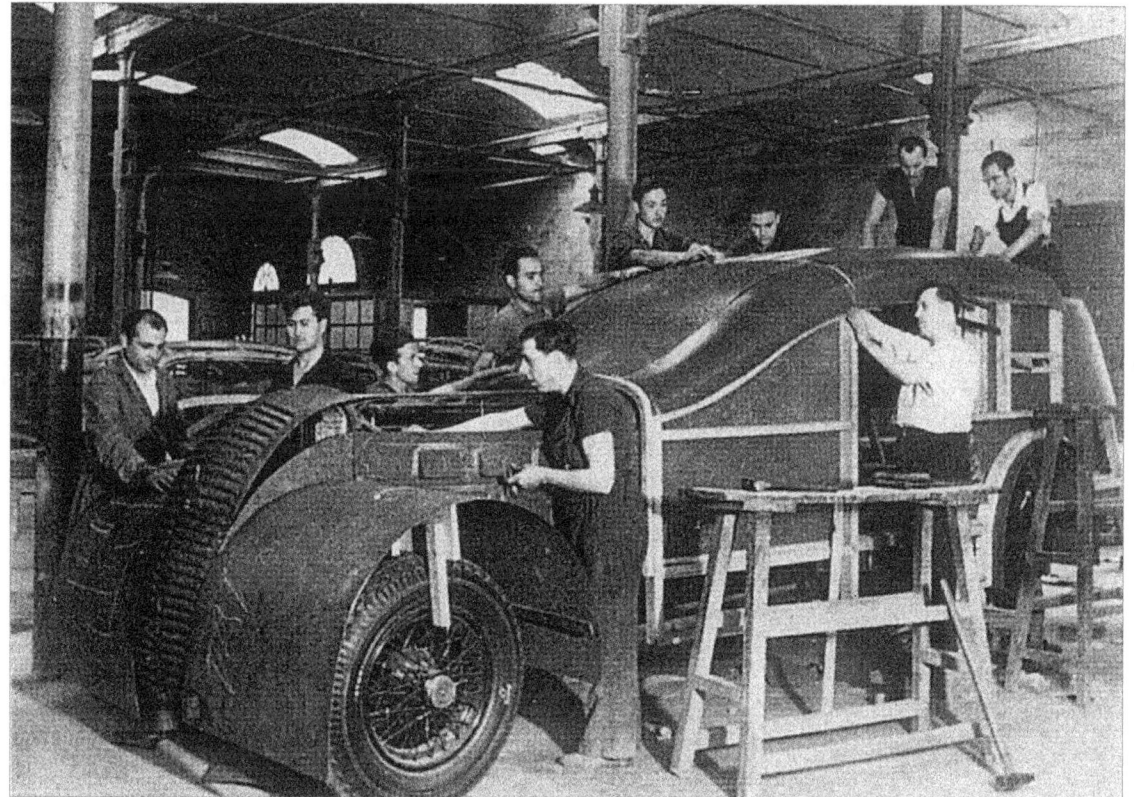

▲ I Tiznaos furono autoveicoli civili trasformati in mezzi corazzati da industrie ed opifici metalmeccanici locali. Nella foto, un gruppo di operai di un'officina allestita dal CNT intenti alla produzione di un camion blindato.

▲ Dettaglio della delicata fase di saldatura delle lamiere che fungevano da protezione corazzata sul mezzo della fotografia precedente.

▼ Uno dei tanti modelli di veicoli blindati artigianali che furono fabbricati nel corso della Guerra Civile Spagnola, fotografato a Barcellona nel 1936. Sulla corazzatura si leggono le sigle dei movimenti anarchici CNT - Confederacion Nacional de Trabajo e FAI - Federación Anarquista Ibérica.

TIZNAOS

I "tiznaos" furono i veicoli militari più peculiari della Guerra civile spagnola e meritano una disanima specifica e quanto più approfondita possibile, nonostante la scarsità di informazioni reperibili. Come visto nei precedenti volumi, quando nel 1936 scoppiò la Guerra civile in Spagna, entrambe le parti in conflitto soffrivano per la penuria di mezzi militari[1] e si trovavano in una situazione di dipendenza dalle Potenze straniere, che fornivano loro armamenti, materiali e mezzi. Per sopperire alla mancanza di corazzati e carri armati sia i Repubblicani (soprattutto) che i Nazionalisti (in misura minore), ricorrendo all'ingegno, si lanciarono verso la realizzazione di mezzi corazzati improvvisati, per sopperire a questa mancanza. Le tattiche di guerra diffuse in Europa degli anni '30 prevedevano un uso massiccio della fanteria, impiegata ancora come forza statica nelle trincee, anche se si stavano diffondendo le prime teorie che predicavano un utilizzo più fluido dei soldati, con l'appoggio di mezzi corazzati, che in Spagna erano però numericamente scarsi e qualitativamente obsoleti, cioè Schneider M16 CA1, Renault FT17 ed autoblindo di produzione nazionale (*si veda a tal proposito il volume 2 di questa collana*).

Le prime unità a ricorrere all'impiego di questi mezzi corazzati di circostanza furono le formazioni paramilitari, poiché i carri armati e le autoblindo fornite dai Paesi esteri erano destinati alle unità militari regolari, per l'impiego in prima linea, mentre le diverse formazioni paramilitari agivano perlopiù in seconda linea ed in ambiente urbano, anche se non mancarono alcune partecipazioni ad azioni di guerra dirette. Fino all'arrivo dei carri forniti dall'Unione Sovietica, i "tiznaos" rimasero praticamente l'unica componente corazzata delle forze armate Repubblicane.

In realtà la Spagna non era nuova all'uso di autocarri blindati. Nel 1914 l'Esercito spagnolo aveva acquistato 24 autocarri protetti dalla francese Schneider – Creusot, costruiti su autobus PB2, impiegati di norma nel trasporto pubblico parigino. Successivamente, nel 1922, nella penisola iberica erano stati costruiti una decina (il numero preciso non si conosce) di mezzi blindati per il trasporto delle truppe, impostandoli sul telaio dell'autocarro Latil; questi mezzi venivano impiegati come trattori d'artiglieria per pezzi di medio calibro, trasportando allo stesso tempo i serventi dei pezzi e le munizioni. Sia i mezzi Schneider che i Latil furono impiegati per trasportare le truppe durante la guerra in Marocco, per tornare ad essere impiegati come trattori d'artiglieria dal 19° Reggimento d'Artiglieria al termine del conflitto.

Durante le prime fasi della Guerra Civile le organizzazioni sindacali Repubblicane si riversarono per le strade delle città, con l'obiettivo di sopprimere ogni possibile azione dei Nazionalisti, pattugliando i centri abitati a bordo di autocarri commerciali requisiti. La triste esperienza delle prime giornate insegnò che, per difendersi dall'azione di eventuali cecchini, questi camion dovevano essere in qualche modo dotati di protezioni e furono così impiegati materiali di risulta quali lamiere, assi di legno, materassi, sacchi di sabbia e qualunque altra cosa che avrebbe potuto offrire riparo dal fuoco nemico. Ben presto queste soluzioni di ripiego videro un'evoluzione e gli autocarri ricevettero delle corazzature meglio studiate e meglio realizzate, nonostante non si poté mai raggiungere un livello di standardizzazione diffusa.

Nelle zone più industrializzate controllate dai Repubblicani, come la Catalogna, il Levante e i Paesi Baschi iniziò dunque una sorta di "corsa agli armamenti", corazzando con mezzi di fortuna il maggior numero possibile di veicoli da inviare al fronte. Praticamente chiunque avesse accesso ad un'officina meccanica e riuscisse a reperire uno più autoveicoli su ruote (ogni gruppo organizzato di lavoratori, i sindacati, gli anarchici o semplici circoli politici) realizzò stravaganti ed improbabili veicoli blindati.

---

1 L'industria bellica spagnola era piuttosto arretrata nello sviluppo e non aveva di fatto mai avviato studi seri sulla costruzione di carri armati nazionali.

Questi autocarri blindati assunsero il nome di "tiznao", che richiamava il colore scuro della lamiera saldata, colore che i veicoli avevano a causa del processo di fabbricazione artigianale seguito nelle officine e che dava loro un aspetto sporco e arrugginito, sebbene a volte fossero verniciati in un colore militare o mimetico. Secondo altre fonti, invece, il nome deriverebbe dal fatto che i veicoli erano spesso ricoperti di grasso, poiché, si credeva, che questo avrebbe permesso di respingere più facilmente i proiettili nemici, conferendo ai veicoli un aspetto nerastro: questo avrebbe fatto guadagnare ai camion improvvisati appunto il soprannome di "tiznao", dall'aggettivo "tiznado", che significa fuligginoso.

I materiali utilizzati per corazzare questi mezzi erano lastre metalliche di diverse qualità e di spessori eterogenei e, in alcuni casi estremi, furono utilizzati anche materassi legati con funi alle fiancate degli autocarri, come si era fatto nelle prime settimane del conflitto. La mancanza di progettazione e di specifica preparazione tecnica dei costruttori nel campo dei mezzi corazzati, portò talora all'erronea convinzione che protezioni molto spesse e robuste avrebbero offerto maggiore difesa, non tenendo conto che ciò rese molti di questi veicoli troppo pesanti, limitandone così la capacità di manovra e notevolmente la stessa velocità, impedendone di fatto l'uso su terreni accidentati. La blindatura, infatti, aveva lo scopo di proteggere l'autista, l'equipaggio, i fucilieri trasportati nel cassone, ma anche gli pneumatici, gli organi di trasmissione ed il motore. Spesso però a causa dell'impiego del materiale di risulta impiegato per le corazze, la struttura dei "tiznaos" risultò scadente e spesso venivano rapidamente eliminati in combattimento. Solo quelli che ebbero una concezione progettuale ed un design migliori, come quelli costruiti a Barcellona, riuscirono ad avere una vita operativa più lunga e, in alcuni casi, giungere praticamente intatti alla fine della Guerra di Spagna.

Per la costruzione di questi veicoli improvvisati vennero utilizzati generalmente i telai di veicoli commerciali (MAN, Mercedes, Chevrolet, Ford, Renault...), dotati di sole due ruote motrici, fatto che li rendeva inadatti ai percorsi fuoristrada. Sebbene nati da molteplici progetti diversi realizzati anche in località distanti tra di loro, i "tiznaos" condividevano tutti lo stesso principio costruttivo di base: una sovrastruttura blindata realizzata sopra il telaio di un camion, con protezione aggiuntiva nella parte anteriore, porte per entrare e uscire dal veicolo sul retro o sui lati e feritoie lungo il veicolo, che permettevano agli occupanti di fare fuoco con le armi leggere. Di fatto, quindi, l'impostazione generale si rifaceva strettamente a quella degli autocarri Scheider acquistati nel 1914, che furono probabilmente presi come modello dai costruttori.

Il loro valore in combattimento fu piuttosto limitato, ma la loro presenza servì a rafforzare il morale delle truppe repubblicane. Il peso della corazzatura, eccessivo per i telai utilizzati, e la sovrasollecitazione a cui erano sottoposte le sospensioni ne impedirono l'uso fuoristrada, ma le loro dimensioni sproposHate li rendevano dei veri e propri mostri di metallo, capaci di incutere un terrore psicologico negli avversari. Una tattica di impiego molto diffusa tra i Repubblicani era messa in campo quando particolari località strategiche venivano minacciate dai Nazionalisti. Lunghe colonne di autocarri e di "tiznaos", con a bordo almeno una decina di uomini ciascuno, venivano dispiegate lungo le strade presso le posizioni minacciate. Spesso, quando operavano secondo questa modalità, sui "tiznaos" venivano dipinti dei grossi numeri progressivi in bianco, nero o rosso, per meglio individuare i mezzi.

Furono blindati automobili, autocarri, autobus, pick up e persino treni e macchinari agricoli ed edili; di conseguenza, a causa della grande varietà di veicoli impiegati come base per i "tiznaos" e della capacità e del "gusto" dei meccanici che si occupavano della blindatura, non esistettero praticamente due mezzi identici e questo rende la trattazione e la catalogazione minuziosa degli stessi praticamente impossibile. A rendere la classificazione ancora più difficoltosa, bisogna aggiungere il fatto che praticamente non esiste alcuna documentazione di fabbrica inerente ai "tiznaos"[2]. Una

---

[2] Nel suo libro "Carros De Combats Y Véhiculas Blindados de la Guerra 1936-1939", pubblicato da Borras nel 1980, P.C.

macro-suddivisione tra i mezzi realizzati può essere fatta distinguendo i mezzi improvvisati dalle conversioni realizzate in fabbrica. Tra i mezzi improvvisati possono essere considerati quelli messi in campo durante le prime fasi della Guerra civile spagnola, caratterizzati, come abbiamo visto precedentemente, da blindature montate utilizzando qualunque materiale disponibile, senza seguire nemmeno una seppur minima progettazione, da parte, spesso, di officine non attrezzate per costruire mezzi blindati. Nella seconda categoria, quella delle conversioni, rientrano i veicoli blindati realizzati in officine che possiamo definire "specializzate" (o riconvertite esplicitamente per la produzione bellica), seguendo un processo produttivo più simile ad un concetto "industriale", quindi basato, prima di tutto, su una progettualità del mezzo.

I "tiznaos" proliferarono particolarmente nella fazione Repubblicana, poiché i mezzi economici a loro disposizione erano nettamente inferiori, così come le forniture di mezzi corazzati da parte di Paesi stranieri furono minori[3]. Nonostante ciò, quando uno di questi corazzati improvvisati veniva catturato dai Nazionalisti, veniva spesso immediatamente reimpiegato e rimandato sul campo di battaglia. I Nazionalisti, quando iniziarono a ricevere consistenti forniture di carri armati da Italia e Germania, impararono ben presto a mettere fuori gioco i "tiznaos" attraverso un uso spregiudicato dell'artiglieria o con attacchi aerei minati, non avendo più l'urgenza di recuperare questi corazzati improvvisati dal nemico.

Benché approntati sostanzialmente in tutto il territorio in mano ai Repubblicani, la produzione dei "tiznaos" si concentrò in modo più significativo, per motivi diversi, in alcune specifiche zone. In particolare, tagliato fuori dal resto della Repubblica, nel Nord industriale fu costruita la maggior parte di questi veicoli: le fabbriche del SECN, di Sestao e di Trubia avevano già esperienza nella costruzione di veicoli militari e la produzione "in serie" (per quanto si possa parlare di produzione "in serie" per questo tipo di mezzi) iniziò intorno al dicembre del 1936. Nel tentativo di controbilanciare i progressi dell'Ejército de África, i piccoli centri industriali dell'Andalusia e dell'Estremadura produssero alcuni rudimentali "tiznaos" di discutibile valore, così come gli apparati industriali legati alle miniere di Riotinto (Huelva) e le fabbriche di Linares, che combattevano l'avanzata dell'Ejército de África e sostenevano gli sforzi bellici sul fronte di Cordoba. In Estremadura, i "tiznaos" costruiti a Don Benito e in alcune altre città e paesi della regione non furono in grado di dare alcun apporto fattivo alla resistenza contro l'avanzata dei Franchisti. L'altra regione maggiormente industrializzata del territorio controllato dai Repubblicani era la Catalogna: da documenti ufficiali risulta che tra il luglio del 1936 e l'agosto del 1937 furono costruiti almeno 159 "tiznaos" ed almeno altri 33 nel periodo successivo. Le principali fabbriche che si occuparono della costruzione di questi veicoli erano Comité Metalúrgico Villafranca (1 esemplare), Constructora Field (13 esemplari), Casa Girona (21 esemplari), Hispano-Suiza (38 esemplari), Maquinista Terrestre y Marítima (conosciuta anche come MTM - 22 esemplari), Sindicato Metalúrgico de Badalona (4 esemplari), Casa Torras (43 esemplari) e Casa Vulcano (17 esemplari). Anche la regione di Valencia e Murcia fu prolifica nella costruzione di "tiznaos", la maggior parte dei quali fu prodotta dalla Unión Naval de Levante (UNL). Vediamone alcuni nel dettaglio.

Albert individua 14 modelli differenti, che adottavano forme tanto diverse quanto varie, ma in realtà, come è possibile vedere nella sezione fotografica di questo libro, fu realizzato un numero impressionante di modelli diversi ed unici di tiznaos.

3 Dietro la fornitura di mezzi corazzati alle fazioni coinvolte nella Guerra civile spagnola, oltre all'evidente appoggio alla causa che sosteneva i propri ideali politici, per i Paesi esterni si può vedere anche l'interesse a testare sul campo in un vero conflitto i propri corazzati e le proprie autoblindo. Dopo gli esordi dell'arma corazzata durante la Grande guerra e sino ad allora, infatti, le evoluzioni tecnico-costruttive e le dottrine di ingaggio dei corazzati avevano potuto svilupparsi solo sulla carta; unica eccezione fu la campagna d'Abissinia per l'Italia, che si trovava comunque di fronte un nemico del tutto privo di carri armati. La Guerra in Spagna, dunque, rappresentava un'occasione troppo ghiotta da non essere sfruttata per le Potenze dell'epoca.

▲ Un autocarro, probabilmente Chevrolet, trasformato in autoblindo; lo slogan sulla copertura del cofano recita "Frente Poular – Don Benito".

▼ Fotografia scattata a Bilbado di un autocarro civile, utilizzato da un commerciante di vini, trasformato in mezzo blindato: la corazzatura è stata completamente ricoperta di slogan Repubblicani.

▲ Agguerriti volontari Repubblicani posano a bordo di un Tiznao intitolato "Alla memoria dei martiri della libertà", come si legge sulla corazzatura anteriore. Il mezzo è dipinto interamente in colore grigio.

▲ Questo vetusto camion blindato ha ricevuto come nome di battaglia "Fantasma"; sappiamo che era il secondo mezzo ad avere ricevuto questo nomignolo e che era impiegato dall' Ejército Popular de Asturias.

▼ Il "tiznao" "Fantasma n° 12" dell'Esercito popolare delle Asturie, simile al mezzo della fotografia precedente.

▲ Anarchici greci, combattenti nelle fila del CNT, di fronte ad un Tiznao (sulle fiancate la scritta "Hermanos no tirar", "Soldati non sparate") che compare su numerosi autocarri blindati repubblicani, per evitare di finire vittima del fuoco amico).

▼ Lo stesso "tiznao" della fotografia precedente. L'immagine permette di vedere anche le scritte presenti su altre parti del mezzo "Viva la Republica" e il numero 3, probabilmente tracciate con vernice bianca.

▲ Ingresso della cosiddetta "Colonna Durruti" nella via Alcalá a Madrid nel novembre del 1936. Aprono la colonna tre diversi Tiznaos.

▼ Due Tiznaos, uno dei quali trasportato a bordo di un autocarro civile, si preparano a partire per il fronte, all'interno della caserma Bakunin a Barcellona, 1936. Il "tiznao" a sinistra è il "Girona 3", mentre quello sul camion è il "Girona 4".

CONSTRUCTORA FIELD DI BARCELONA

Tra questi costruttori, molto interessante la produzione della Constructora Field del Poble Nou di Barcellona, che in tempo di pace produceva caldaie. Per questo motivo i mezzi di questo opificio avevano una peculiare forma che li faceva assomigliare appunto ad una enorme caldaia, tagliata longitudinalmente a metà, formata da lamine d'acciaio, curvate a caldo. Le diverse componenti (probabilmente 4 grosse piastre principali, completate da una serie di elementi secondari più piccoli) venivano poi saldate per dare forma alla corazza, che andava così ad assumere una forma unica, adattata al telaio dell'autocarro su cui si stava lavorando. È probabile che parte della struttura, che andava ad insistere forse su un telaio in legno, fosse tenuta insieme da piccole rivettature. L'accesso al mezzo avveniva dalla parte posteriore, anche per il conducente, poiché non erano presente porte laterali. Tutti questi "tiznaos" erano dotati di grandi tubi di ventilazione, simili alle maniche a vento della navi, montati sulla parte anteriore del veicolo; le ruote erano protette da scudature mobili, che potevano essere sollevate per effettuare la manutenzione sugli pneumatici, mentre la parte bassa dei mezzi era protetta da "gonne" blindate o da catene. La forma tondeggiante rendeva i mezzi prodotti a Barcellona simili a dei "mostri" e particolarmente resistenti, dal punto di vista balistico, al fuoco delle armi leggere.

I mezzi della Constructora Field erano anche conosciuti, in maniera non ufficiale, come "Barcellona" o "Camion Blindado 4×2 No.8". Furono realizzati una decina di esemplari, caratterizzati da questo design aerodinamico ricavato dalle piastre di caldaia e dalla iconica scritta, posizionata sulla parte anteriore del veicolo.

Il prototipo dei Constructora Field venne completato il 29 agosto 1936 e, lo stesso giorno, venne presentato alla stampa ed il giorno successivo fu presentato anche alla popolazione di Barcellona, con la scritta FAI, alla presenza del presidente della Catalogna Lluís Companys. Le principali differenze tra il prototipo e i veicoli "di serie", per quanto abbia senso parlare di produzione in serie per i "tiznaos" sono l'assenza della torretta, che apparve a partire dal Modello "N°2" e l'orientamento delle prese d'aria, rivolte all'indietro nel prototipo.

I Constructora Field presentavano alcune criticità non secondarie. Un grosso problema era rappresentato dalla difficoltà ad accedere al motore, poiché vi era solamente un piccolo portello nella parte anteriore, che non consentiva però di effettuare manutenzioni importanti. Non è da escludere che l'intera scudatura superiore del motore si potesse sollevare, ma si tratta solamente di un'ipotesi. Un'altra criticità era rappresentata dal surriscaldamento dell'apparato di propulsione, messo sotto sforzo dal peso della corazzatura, aggravata in alcuni esemplari dalla presenza della torretta, e non sufficientemente aerato dalle piccole griglie presenti sui mezzi, fatto che rendeva estremamente lungo il tempo necessario a fare raffreddare il motore, anche da fermo. Inoltre, come la maggior parte degli altri "tiznaos", a causa della loro elevata pressione al suolo, i Constructora Field non potevano essere utilizzati per la marcia fuoristrada.

Tra i blindati della Constructora Fields possiamo annoverare anche alcuni esemplari realizzati secondo uno schema costruttivo completamente diverso, cioè con una corazzatura convessa e dotati di torrette di forma differente dagli altri mezzi dell'azienda di Barcelona. Sulla parte anteriore di questi curiosi mezzi, infatti, appare la scritta "CONSTRUCTORA FIELD BARCELLONA", che li fa risalire alla stessa industria metalmeccanica. Alcune fonti sostengono che si tratti di una produzione tarda, altre che questi mezzi siano riferibili al Modello "N°4".

▲ Tiznaos dei Nazionalisti a San Sebastián. Il mazzo a sinistra è stato comunemente denominato "Pamplona" ed è peculiare il sistema di movimento delle lamiere di protezione delle ruote, che la fotografia permette di vedere chiaramente. Il pilota disponeva di una piccola feritoia anteriore per la visione della strada, mentre non aveva alcuna possibilità di vedere lateralmente: questo rendeva la guida di questo "tiznao" particolarmente difficoltosa. Il numero 3 in nero dipinto sulla fiancata serviva ad indicare la posizione del mezzo all'interno della colonna di mezzi di cui faceva parte. Il camion blindato a destra, invece, era in origine Repubblicano es era stato catturato in Navarra e riutilizzato dai Franchisti.

▼ Tiznao Repubblicano di fronte al Gran Casinò di San Sebastián (attualmente divenuto Municipio della città) nel 1936. La lamiera anteriore è stata appositamente sagomata per permettere la proiezione del fascio luminoso dei fari; la struttura della corazzatura pare sostenuta da un insieme di tiranti metallici.

▲ Un altro autocarro blindato nei pressi del Casinò di San Sebastián.

▼ Gudari (miliziani baschi che sostenevano la causa Repubblicana) in posa davanti a un camion blindato "Echeverría" sul fronte di Biscaglia.

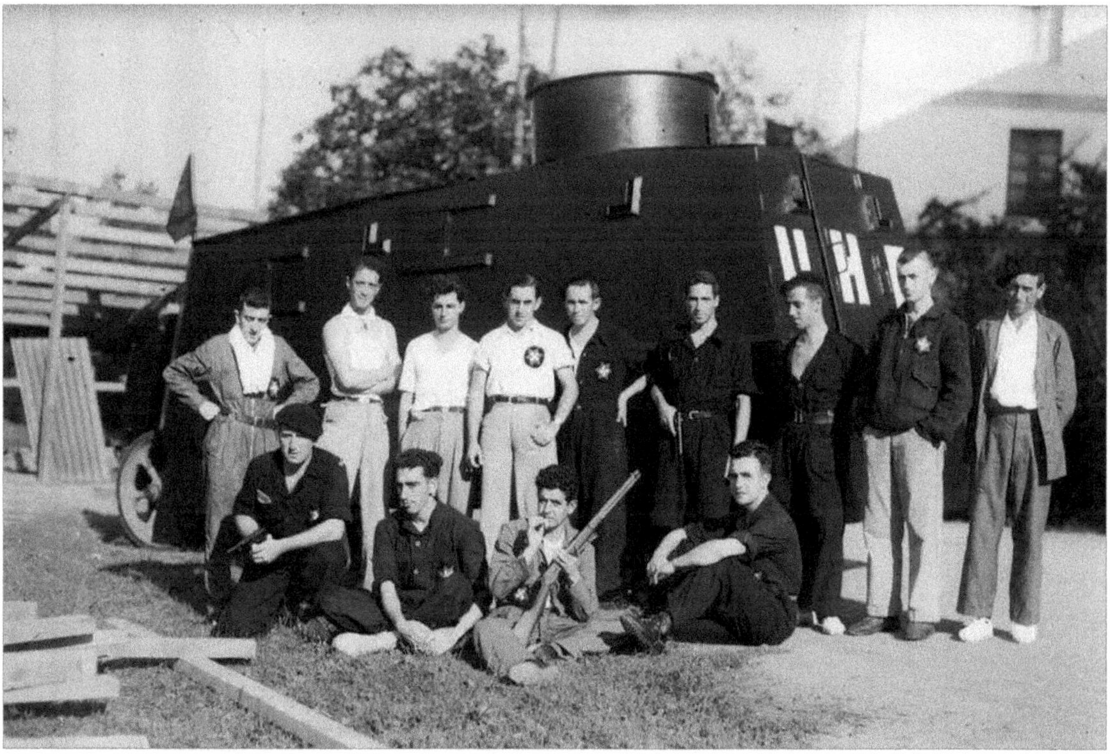

▲ Camion blindato costruito dalle milizie Repubblicane per difendersi dalla rivolta a San Sebastián.

▼ Un vecchio autocarro Nash-Quad M21, blindato per la guerra del Rif, recuperato e trasferito a San Sebastián, sul fronte di Biscaglia, allo scoppio della Guerra civile dai ribelli di Loyola. (Filmoteca Española).

▲ Su questo Tiznao campeggia la scritta "Catturato al nemico nel settore di Marquina": questa è una città al nord della Spagna, ad una cinquantina di chilometri da Bilbao, famosa per l'estrazione di marmo nero.

▼ Un camion blindato impiegato dagli anarchici fin dai primi giorni a Barcellona, con le sigle dipinte della CNT, della FAI, del POUM e dell'UHP.

▲ Officina della Constructora Naval de Sestao, dove sono in manutenzione 4 carri armati Renault FT17 repubblicani, 2 "tiznaos" ed un trattore blindato.

▼ Autocarro blindato utilizzato nei primi periodi di guerra; si riteneva che la forma molto spiovente della casamatta, rilevabile su altri "tiznaos", offrisse una protezione più elevata agli occupanti del mezzo.

▲ Veicolo blindato del CNT – FAI, appartenente alla Colonna Durruti. Questa era una formazione militare non regolare, formata in maggioranza da anarchici e comunisti, comandata dal leader sindacalista anarchico Buenaventura Durruti, morto nei primi mesi di guerra, da cui prese il nome. Forte di 3.000 uomini, la Colonna fu impiegata prima sul fronte in Aragona e poi a Madrid.

▼ Lo stesso autocarro blindato della Colonna Durruti sul fronte aragonese, realizzato dalla "Maquinista Terrestre y Marítima" di Barcellona.

▲ Un altro autocarro blindato della Colonna Durruti, costruito dalle Talleres Serra, inquadrato nel reggimento "19 de Julio", fotografato sul fronte aragonese.

▲ Blindato denominato "Casimiro Velasco" dell'Ejército Popular de Asturias, distrutto ad Oviedo nell'ottobre del 1936.

▲ Un "tiznao" quasi identico al precedente, anch'esso fotografato nella cerchia di Oviedo.

▲ Veicoli come questo, su un telaio di un camion Bedford, furono usati negli sbarchi falliti a Maiorca all'inizio della Guerra Civile.

▼ Un'immagine scattata a Maiorca il 6 settembre 1936 dei veicoli corazzati che parteciparono con la cosiddetta "Colonna Bayo" al fallito tentativo di invadere l'isola.

▲ Un "tiznao" catturato alla Colonna di Bayo, durante la battaglia per Maiorca.

▼ Un gruppo di falangisti Banyalbufarin accorsi a difendere Son Servera durante lo sbarco delle truppe Repubblicane a Portocristo.

▲ Camion sequestrato ai Repubblicani a Crémenes nel 1936; la blindatura è crivellata di colpi, a dimostrazione della scarsa protezione che offrivano questo tipo di veicoli artigianali (Archivio Heraclito).

▼ Fronte dell'Ebro: "tiznaos" Repubblicani messi fuori combattimento dal fuoco nemico e catturati dai Nazionalisti.

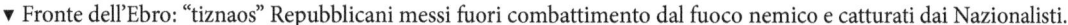

▲ Trattore cingolato blindato della CNT-FAI a Barcellona nell'ottobre del 1936. Il mezzo andò perso in data e luogo non precisati sul fronte dell'Aragona.

▼ Un altro trattore corazzato, costruito sulla stessa meccanica del precedente, ma con una corazzatura di diverso design, catturato dai Nazionalisti. Sulle fiancate del mezzo scritte inneggianti all'Unione Sovietica.

▲ Un veicolo blindato repubblicano catturato dai Nazionalisti a Oviedo; il mezzo di partenza sembrerebbe essere un vecchio autocarro MAN.

▼ La corazzatura di questo "tiznao" asturiano è stata completamente ricoperta di grasso, perché si pensava che questo accorgimento rendesse il mezzo maggiormente resistente ai colpi d'arma da fuoco. La foto è stata scattata a Gijón nel luglio del 1936.

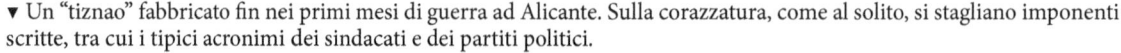

▲ Interessante su questo "tiznao" catturato dai Nazionalisti ad Andoain l'aggiunta di un cannone nella parte posteriore del mezzo.

▼ Un "tiznao" fabbricato fin nei primi mesi di guerra ad Alicante. Sulla corazzatura, come al solito, si stagliano imponenti scritte, tra cui i tipici acronimi dei sindacati e dei partiti politici.

▲ Un altro camion blindato artigianalmente: la foto è stata indubbiamente scattata nei primi giorni del conflitto, poiché i miliziani a bordo appaiono tutti sorridenti, come se dovessero partecipare ad una gita di piacere, non ancora consapevoli dell'orrore che dovranno affrontare. Il mezzo è interamente ricoperto di slogan inneggianti al Comunismo.

▼ I "tiznaos" venivano spesso impiegati per scortare le colonne mobili, inviate nelle zone di maggior pericolo o dove infuriavano più accaniti combattimenti. In questo caso una colonna formata da miliziani della CNT pronti a partire.

▲ Una colonna mobile repubblicana mentre lascia Barcellona: apre la marcia un "tiznao".

▼ Il "tiznao" denominato "El Caleyo" dell'Esercito Popolare dell'Asturia.

▲ Un'altra immagine dello stesso mezzo, circondato da miliziani asturiani.

▼ "El Caleyo" con il suo equipaggio.

▲ Mezzo blindato realizzato dalla de la Sociedad Anonima de Fibras Artificiales (SAFA).

▼ Carro blindato repubblicano a Gijón, agosto 1936.

AUTOCARRI BLINDATI EBRO

Gli autocarri blindati denominati "Ebro" furono prodotti da diverse aziende a Saragozza, in Aragona, dove fioriva l'industria dedicata alla produzione di componenti meccanici agricoli e ferroviari, durante i primi mesi della Guerra Civile; risultarono molto ben progettati, anche se erano praticamente privi di possibilità di spostarsi fuoristrada ed erano caratterizzati da una corazzatura ridotta, adatta alla protezione solamente dal fuoco delle armi leggere. Tutti i "tiznao" prodotti nel capoluogo aragonese furono denominati "Ebro", indipendentemente dall'azienda costruttrice, ma ogni costruttore attribuì ai mezzi il proprio numero di progetto, quindi esistevano pi diversi "Ebro n°1", "Ebro n°2", e così via. Utilizzati dai Repubblicani durante la Guerra Civile, gli "Ebro", costruiti su telai di grosse dimensioni di camion e autobus, erano generalmente caratterizzati da una torretta armata, numerose feritoie per permetter di fare fuoco dall'interno con armi leggere e da catene poste a protezione degli pneumatici. Alla limitata capacità offensiva di questi veicoli sopperiva il forte impatto psicologico che avevano sul nemico con il loro rumore, sollevando polvere sulle strade e con la sola loro presenza nelle piazze, fondamentale nei primi mesi di guerra, durante i quali i Repubblicani, digiuni di tattiche di guerra e carenti nelle linee di comando, affrontarono un nemico più addestrato ed organizzato. Furono prodotti 12 esemplari di "Ebro", ognuno diverso dall'altro; 4 di questi furono catturati intatti dai Nazionalisti nel corso degli scontri e riutilizzati contro i vecchi proprietari.

La Maquinista y Fundiciones Ebro costruì una serie di almeno 4 veicoli nell'agosto del 1936. Il primo veicolo blindato prodotto dalla Bressel fu l'"Ebro n°1", che aveva una caratteristica punta d'ariete, che serviva a sfondare eventuali sbarramenti trovati sulla propria strada; come tutti gli altri vennero impiegati per rifornire di viveri e munizioni le posizioni avanzate, costituite nei primi mesi di guerra sul fronte aragonese. Il modello "Ebro n°2" era molto più grande, potendo così trasportare un numero maggiore di uomini a bordo, con una migliorata possibilità di tiro dalle feritoie laterali. Anche questo veicolo fu utilizzato soprattutto con funzioni di rifornimento, protezione di convogli, pattugliamento delle vie di comunicazione e sorveglianza delle retroguardie delle truppe in movimento. Nel camion "Ebro n°3" furono invece sacrificate le dimensioni e lo spazio per trasportare le truppe, privilegiando le caratteristiche di mobilità, essendo più piccolo dei precedenti.

Altre industrie di Saragozza si unirono nella produzione di veicoli simili.

La Carde y Escoriaza della fabbrica Material Móvil y Construcciones, industria pesante di Saragozza, produceva, dall'inizio del conflitto, munizioni e dai suoi reparti di produzione uscirono anche dei veicoli blindati. Il modello "Ebro n°1" della Carde y Escoriaza era concepito quasi come un autobus blindato, in modo da poter offrire grande capienza di carico di uomini e di materiali. "Ebro n°2" era un'evoluzione del precedente, sul quale fu introdotto un riflettore e modificata la forma dei parafanghi. L'"Ebro n°2" partecipò alla battaglia di Teruel, dove fu colpito da almeno 2 proiettili nella parte posteriore che lo bloccarono. Per questo motivo fu il protagonista di molte fotografie, sia di militari Repubblicani che Nazionalisti, che si fecero ritrarre accanto al veicolo. Il modello "Ebro n°3" era molto simile agli altri realizzati dalla Carde y Escoriaza, differendo dai precedenti solo per una modifica del parafango.

AUTOBLINDO MERCIER II

Fu costruito per i Nazionalisti in un unico esemplare a Saragozza, presso la fabbrica Talleres Mercier sul telaio di un altro "tiznaos" repubblicano catturato, che era stato smantellato. Esteriormente era quasi identico agli autocarri blindati "Ebro", tanto che a volte non viene identificato per un mezzo corazzato diverso. Era dotato di torretta, armata con una mitragliatrice leggera Hotchkiss.

AUTOCARRI BLINDATI TORRAS

Un altro produttore catalano di mezzi corazzati di circostanza fu l'industria metallurgica Torras di Barcellona, che realizzò almeno 6 modelli diversi, sia con torretta che senza, tutti caratterizzati da forme estremamente squadrata, che li rendevano simili a delle scatole con ruote.
Tra i blindati prodotti dalla Torras, quello più famoso è indubbiamente il Torras 2, soprannominato "King Kong", il veicolo personale dell'anarchico Buenaventura Durruti. Il blindato era pilotato da Antonio Bonilla, fidato amico del leader anarchico; "King Kong" entrò a fare parte dell'organico dalla cosidetta Colonna "Durruti" solo dopo un certo tempo dalla sua formazione. Essendo il mezzo riservato al trasporto del comandante Durruti, "King Kong" divenne ben presto il camion blindato degli anarchici per antonomasia, assurto a simbolo della lotta armata di questo movimento.

AUTOCARRI BLINDATI GIRONA

Furono prodotti nelle officine di Materiales de Ferrocarriles y Construcciones, per un totale probabilmente di 9 modelli diversi, tra il 1936 e il 1937. I mezzi prodotti erano tutti diversi, sia nella struttura che nell'armamento, e, dalle fotografie reperite, avevano segni identificativi e motti riconducibili al CNT ed al FAI. I "Girona" combatterono nella falange anarchica di Durruti, nella colonna "Los Aguiluchos" della FAI e nei "Rossi e Neri" di García Oliver. Il "Girona 1", che aveva una torretta fissa, fu presentato durante una cerimonia ufficiale in piazza Sant Jaume, a Barcellona, il 29 agosto 1936, dopo che era stato prodotto dai volonterosi operai della Ferriera di Girona. Questi mezzi blindati combatterono praticamente fino alla fine della guerra, soprattutto nella regione dell'Aragona.

AUTOCARRO BLINDATO FERROL

Dopo i moti seguiti alla vittoria elettorale del Fronte popolare di sinistra alle elezioni del febbraio 1936, nella città costiera di Ferrol, nel nord della Galizia, il Regimento de Artillería de Costas n. 2 fece trasformare almeno quattro autobus Hispano-Suiza in automezzi blindati, che furono denominati Ferrol, dal nome della città. A differenza di molti altri "tiznao", i Ferrol furono costruiti prima della guerra e furono assemblati da personale militare qualificato e non da gruppi di miliziani; pur presentando tra di loro alcune differenze estetiche e costruttive, i mezzi risultavano molto simili tra di loro. Avevano una blindatura in acciaio di 6 - 8 mm, verniciata in grigio e ciascun mezzo aveva un numero da 1 a 4 dipinto sotto le griglie di ventilazione; ogni veicolo era dotato di una torretta girevole, ispirata a quella dell'autoblindo Rolls-Royce della Grande guerra, armata con una mitragliatrice Hotchkiss Model 1924 da 7mm. Su ciascun lato del veicolo erano praticate sette feritoie per il tiro di fucileria ed altre otto su entrambi i lati della torretta. La parte anteriore del veicolo aveva due serie di griglie di ventilazione, installate per evitare il surriscaldamento del motore. Furono prodotti sicuramente 4 esemplari di questa grossa autoblindo, ma, probabilmente, fu costruito anche un prototipo privo di torretta. Sulle fiancate era dipinto, in rosso e nero, lo stemma del Regimento de Artillería de Costas n. 2, costituito da un granchio con una bomba ed il motto "*Adelante, Viva Espana*".
Allo scoppio della Guerra Civile nel luglio 1936, i Ferrol erano gli unici veicoli corazzati presenti in Galizia, a disposizione delle truppe Nazionaliste. Furono impiegati la prima volta il 20 luglio 1936 per il trasporto di munizioni ed armi dalle caserme di artiglieria costiera alle truppe del Reggimento di Fanteria n. 35 "Mérida". Utilizzati sia in combattimento, sia come veicoli di scorta in Galizia, i Ferrol si dimostrarono veicoli molto efficaci ed efficienti. Tra la fine di ottobre e l'inizio di novembre del

▲ "Vulcano", camion corazzato a Barcellona, seguendo un'impostazione della blindatura simile a quella delle autoblindo Bilbao, sebbene il mezzo fosse di maggiori dimensioni.

▼ Come dimostrato da questa fotografia, furono costruiti almeno due esempleri identici di "Vulcano".

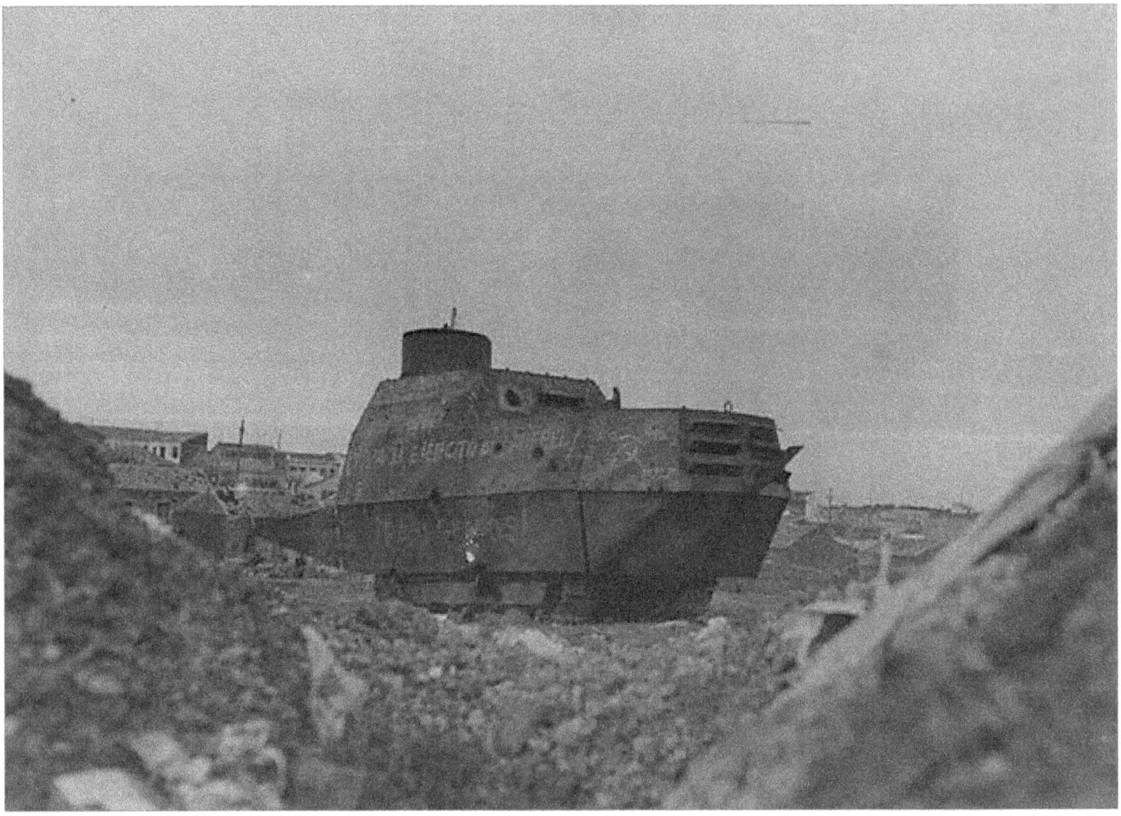

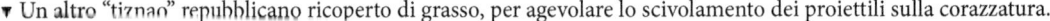

▲ Un trattore Caterpillar, trasformato in carro armato improvvisato dalle truppe Repubblicane, distrutto sul fronte di Madrid nel 1936.

▼ Un altro "tiznao" repubblicano ricoperto di grasso, per agevolare lo scivolamento dei proiettili sulla corazzatura.

1936, i Ferrol furono inviati su diversi fronti del nord: almeno due (molto probabilmente i numeri 3 e 4) nel settore Oviedo-Grado nelle Asturie, gli altri due nel settore La Robla-Matallana-La Vecilla sul fronte Leon. Nel febbraio 1937, due Ferrol (molto probabilmente i numeri 3 e 4) si trovavano ad Oviedo, assediata dai Repubblicani, insieme a 2 carri Trubia, posti a difesa della fabbrica di armi di Campo de los Patos, trovandosi di fronte una quarantina di veicoli corazzati Repubblicani.

Dopo la conclusione della Guerra nel Nord nell'ottobre 1937, vista la larga disponibilità di carri armati italiani CV.33/35 e tedeschi Panzer I, i Ferrol furono ritenuti obsoleti. Il loro destino è sconosciuto, ma sembra probabile che siano stati utilizzati ancora per diverso per compiti di pattugliamento e polizia, prima di essere smantellati.

COLORAZIONE DEI "TIZNAOS"

Anche le colorazioni mimetiche e l'araldica dei "tiznaos" non seguivano ovviamente regole prestabilite.

Il colore più diffuso, come abbiamo visto, era il grigio (che peraltro era il colore previsto dal regolamento dell'Esercito spagnolo per gli autocarri blindati[4]). Talora, utilizzando vernici verdi, marroni o sabbia, i mezzi ricevettero delle colorazioni mimetiche (senza seguire alcuno schema codificato), sia a macchie che a strisce, o delle livree monocromatiche uniformi. Alcuni "tiznaos" non furono nemmeno dipinti: sono noti esemplari con la solo vernice antiruggine ed altri del tutto privi di verniciatura, con macchie di ruggine affioranti.

Gli unici "stemmi" presenti sui "tiznaos" erano degli slogan politici. Ciascun gruppo o fazione politica, infatti, si preoccupò di personalizzare il proprio mezzo, con l'apposizione delle proprie sigle politiche:
- CNT – Confederacion Nacional de Trabajo (Confederazione Nationale del Lavoro)
- FAI - Federaciôn Anarquista Ibérica (Federazione Anarchica Iberica)
- UGT - Unión General de Trabajadores (Unione Generale degli Operai)
- POUM - Partido Obrero de Unificacion Marxista (Partito Operaio di Unificazione Marxista)
- PSOE - " Uníos Hermanos Proletarios!" ("Unione, fratelli proletari!")
- PARTIDO COMUNISTA (Partito Comunista)

e di frasi propagandistiche come "*Viva la República*", "*Arriba España*" ("Viva la Spagna!"), "*Abaix el fexismei*" ("Abbasso il fascismo") o il famoso "*No pasaràn!*" ("Non passeranno!"[5]).

---

[4] Una circolare del 10 febbraio 1929, "Real Orden Circular", stabiliva che i veicoli a motore dell'Esercito spagnolo, classificati come "*Autocamiones*", dovevano essere interamente dipinti di un particolare tono di grigio, definito "grigio artiglieria", inoltre sulle fiancate dovevano recare una tavola in legno rettangolare di 70 cm per 35 cm, dipinta in nero, con una dicitura, su due righe in lettere maiuscole bianche, riportante sulla prima riga l'arma di appartenenza (per esempio ARTILLERIA o SANIDAD MILITAR) e sulla seconda la sigla AMT (che indicava "*Automovil*") ed il numero di targa del mezzo.

[5] Celeberrimo ed iconico motto coniato dalla famosa leader comunista spagnola Dolores Ibarruri il19 luglio 1936 ed in seguito adottato da tutti i movimenti repubblicani, quale simbolo della volontà di non cedere alle forze franchiste.

▲ La forma della corazzatura del cassone di questo autocarro impiegato dal FAI – CNT è indubbiamente curiosa: viene da domandarsi quale potesse essere l'effettiva efficacia di questa sovrastruttura. Nella foto, scattata ad Alcoy, in secondo piano si scorge un secondo automezzo con una blindatura altrettanto fantasiosa.

▼ La blindatura di questo furgone Hispano-Suiza appare molto elaborata ed elegante. Il veicolo era impiegato dalla Colonna de los Aguiluchos della FAI, che fu l'ultima delle grandi colonne anarco-sindacaliste catalane.

▲ "Tiznao" prodotto dalle Officine Ferroviarie di Almeria.

▼ Un'altra foto del mezzo blindato delle Officine Ferroviarie di Almeria. La colorazione sembrerebbe quasi in un colore chiaro uniforme, forse un sabbia.

▲ Vignetta satirica inerente ai "tiznaos" apparsa sulla stampa Nazionalista dell'epoca.

▼ Interessante esempio di mimetizzazione su un autocarro blindato spagnolo in tre o quattro colori, probabilmente sabbia (fondo) marrone e verde (e bianco?). Sulle fiancate reca una elaborata raffigurazione pittorica, probabilmente in nero, composta dalla scritta "Tailler Mza Albacete Columna Internacional", la sagoma di un treno e due mani che si stringono (queste ultime in vernice bianca). La torretta è armata con una mitragliatrice Lewis.

▲ Una foto purtroppo di cattiva qualità che ritrae il "tiznao" denominato "Navarro Numero 5"; interessante il trasporto di biciclette sul mezzo.

▼ "Tiznao" catturato dai Nazionalisti nei pressi di una stazione ferroviaria. Dai nuovi proprietari sulle fiancate è stato immediatamente scritto "Viva Franco".

▲ Militari repubblicani salgono a bordo di un trattore blindato durante uno scontro a fuoco, per raggiungere, al riparo dai colpi nemici, la linea del fuoco.

▼ Dettaglio di un altro trattore corazzato, probabilmente durante gli stessi combattimenti della foto precedente: è impressionante vedere come fossero stipati gli uomini a bordo, condizione che, in caso di esito infausto di un attacco nemico, rendeva il blindato una trappola senza via di scampo.

▲ I "Tiznaos" spesso adottavano delle geometrie realmente fantasiose ed inquietanti, concepite dagli inesperti costruttori, con l'obiettivo di realizzare superfici che potessero risultare più sfuggenti ai colpi nemici.

▼ Il cosiddetto blindato "Comunista", così chiamato per l'evidente scritta sullo scudo anteriore. Fu una delle realizzazioni più note, ma anche più semplici, costruito impiegando delle lamiere piegate come protezioni.

▲ Immagine del veicolo blindato "Escachamatas 2", al termine della sua costruzione nella fabbrica aragonese Maquinaria y Metalurgia Aragonesa.

▲ Due "tiznaos" in sosta, durante la marcia di spostamento di una colonna mobile Repubblicana: i camion blindati, in queste circostanze, venivano utilizzati come scorta del serpentone di veicoli.

▼ Un camion blindato dalle forme molto squadrate, fotografato nei dintorni di Barcellona.

▲ Un "tiznao" Girona 3, fotografato a Barcellona sulla piazza d'armi della caserma "Bakunin" (che si chiamava prima dello scoppio delle ostilità caserma "del Bruc"), dove era alloggiato il Comitato della Milizia Antifascista della Catalogna.

▼ L'immagine mostra gli effetti devastanti del fuoco ravvicinato sulla blindatura di questo camion blindato, completamente crivellato di colpi.

▲ Forme estremamente spigolose, quanto improbabili, per questo "tiznao".

▼ L'equipaggio di questo trattore corazzato è talmente eterogeneo da apparire quasi più una banda di fuorilegge messicani, che un gruppo di miliziani.

▲ Lo stesso "tiznao" della foto precedente: faceva parte di una serie di mezzi blindati soprannominati "Confederal" per la vistosa scritta anteriore.

▲ Colonna di "tiznao" nella strada di una città. Interessante l'elaborata mimetica del mezzo in primo piano, seguito da almeno 2 camion blindati "Ebro".

▼ Un "tiznao" in panne viene movimentato da un gruppo di miliziani Repubblicani. Sulla scudatura laterale si nota il simbolo della morte stilizzato.

▲ Fotografia proveniente da un quotidiano dell'epoca che ritrae il blindato Torras Tipo 2, noto come "King Kong" della Colonna Durruti, che serviva da protezione allo stesso Buenaventura Durruti.

▼ Un'altra immagine di "King Kong", purtroppo di cattiva qualità.

▲ La storia di questo "tiznao" è molto curiosa. Fu costruito utilizzando un autocarro adibito al trasporto di patate a Buenavista de Valdavia, corazzato dalla Fabrica de Armas ed impiegato sul fronte tra Aguillar e Baruello.

▼ Sopravvissuto al conflitto, l'autocarro fu portato a Segovia, la blindatura fu smantellata ed il telaio rinacque a nuova vita… come autobus del servizio pubblico della Sociedad Estacion de Autobuses Palentino, fino al 1978, 40 anni dopo la fine della Guerra Civile Spagnola!

▲ Il prototipo del "tiznao" della Constructora Field Modello "N°1" fotografato a Barcellona in piazza San Jaume, appena fuori dal municipio, il 30 agosto 1936.

▲ Uno dei tanti autocarri blindati costruiti a Barcellona dalla Constructora Field per la Federacion Anarquista Iberica e la Unión General de Trabajadores, le cui sigle FAI – UGT campeggiano sulle fiancate del mezzo. A partire da questo modello i mezzi presentavano una torretta armata di mitragliatrice e piastre d'acciaio a protezione degli pneumatici. Sono note immagini di questo "tiznao" con le sigle FAI – CNT, non è chiaro se si tratti dello stesso esemplare o di un secondo veicolo, costruito identico a questo, dato che la mimetica (strisce serpeggianti di colore verde su un fondo chiaro) sembrerebbe la stessa.

▼ Questa immagine, scattata in fabbrica, permette di vedere in maniera dettagliata la complessa mimetizzazione a strisce verde scuro adottata sui "tiznaos" Constructora Field.

▲ L'iconica e molto evidente scritta "CONSTRUCTORA FIELD BARCELLONA" che caratterizzava tutti i mezzi costruiti da questa azienda del capoluogo catalano.

▼ Il più celebre dei mezzi costruiti a Barcellona è forse il Constructora Field "N°9", poiché è uno dei mezzi più fotografati e che ebbe la vita operativa più lunga, passando indenne per quasi tre anni di guerra.

▲ Il "Tiznao" Constructora Field Modello "N°9" fotografato durante una pausa dei combattimenti. Questo mezzo è caratterizzato da una colorazione uniforme, probabilmente grigia, e dalle scritte sulla fiancata "ABAIX EL FEXISME! ("Abbasso il fascismo" in lingua catalana) e "NO PASARAN" ("Non passeranno" in spagnolo), oltre al numero 9, identificativo del modello.

▼ Il Constructora Field Modello "N°9" ripreso dall'altro lato, in una fotografia scattata a Caspe nel marzo del 1938. Su questa parte sono presenti gli slogan "TERUEL SARA LA TUMBA" ("Teruel sarà la tomba" in spagnolo) e "VISCA LIVERTAT DEL POBLE" ("Evviva la libertà del popolo" in catalano).

▲ Per la protezione delle ruote dei Modello "N°9" era stata prevista una sorta di "gonnella" realizzata con catene sospese nella parte inferiore della corazzatura.

▼ Il "tiznao" Constructora Field "N°9" fu catturato dai Nazionalisti e messo in mostra alla "Exposicion de material de guerra tomado al enemigo" a San Sebastian nel 1938.

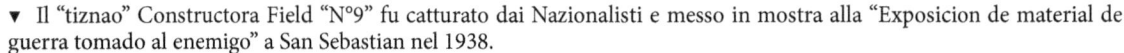

▲ TTra i veicoli prodotti dalla Constructora Fields vanno quasi certamente annoverati anche questi esemplari realizzati con una corazzatura convessa e dotati di torrette di forma differente dagli altri mezzi dell'azienda di Barcellona.

▲ La parte posteriore di uno di questi blindati con corazzatura convessa.

▼ Camion blindato "Ebro n°1", fotografato in fabbrica a Saragozza nel settembre 1937. Il mezzo ha ricevuto un colore di fondo di colore chiaro, forse giallo sabbia, con una mimetica a chiazze grigie o marroni.

▲ Un'altra foto, scattata in via Ramón Pignatelli di fronte all'arena di Saragozza probabilmente nella stessa occasione della precedente, che ritrae 3 autocarri presumibilmente tutti della serie "Ebro", a sinistra è infatti riconoscibile "Ebro n°2".

▼ Un'immagine operativa del "tiznao" denominato "Ebro n°3" sul fronte aragonese.

▲ Ennesimo autocarro "Ebro": rispetto ai veicoli visti in precedenza presenta una mimetica estremamente raffinata a più colori.

▼ Una serie di immagini di un autocarro blindato "Ebro n°3" durante un'operazione militare sul fronte di Alcubierre, nella zona di Huesca (BNE).

▲ In questo primo piano si nota la scritta "EBRO" inserita in un rombo di colore nero, che caratterizzava i mezzi prodotti a Saragozza (BNE).

▼ "Ebro n°3" in marcia lungo una strada sterrata, in mezzo alla boscaglia (BNE).

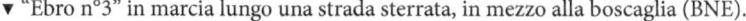

▲ Blindato "Ebro n°1" prodotto dalla Carde y Escoriaza.

▼ Lo stesso "tiznao" visto di fronte.

▲ "Ebro n°2" della Carde y Escoriaza: è praticamente identico al veicolo precedente.

▲ Un altro modello di "tiznao" costruito presso la Carde y Escoriaza, probabilmente il modello "n°3".

▼ Il "tiznao" denominato "Mercier n 2" fotografato appena uscito dalla linea di montaggio. È evidente la somiglianza con i camion blindati "Ebro".

▲ Un "tiznao" costruito dalle industrie Torras, il Tipo 3: questo apparteneva alla colonna Francisco Ascaso e fu uno dei più appresentativi di quel "potere operaio" che fu estremamente reattivo all'inizio della guerra.

▼ Autocarro blindato Tipo 4 costruito dalle Talleres Torras di Barcellona appena uscito dalle linee di montaggio nell'ottobre 1936.

▲ Vista posteriore di due Torras Tipo 4, fotografati a Barcellona.

▼ Una bellissima fotografia che ritrae insieme, da sinistra, un "tiznao" Girona 1, tre Torras Tipo 3 ed un Torras Tipo 1 esposti sulla Rambla a Barcellona nel luglio 1937 (Arxiu Històric del Poblenou).

▲ A destra il Torras Tipo 2 di Durruti, soprannominato "King Kong".

▼ Accantonati in un deposito, probabilmente a fine guerra, da sinistra vi sono un Hispano Suiza 5, due Hispano Suiza 6 e un Torras Tipo 6.

▲ Questo veicolo blindato è stato spesso confuso con un Torras 2. In realtà si tratta di un mezzo diverso, fabbricato nella città di Olot (Gerona), che fu presentato a Barcellona l'11 settembre 1936 ed immediatamente inviato sul fronte dell'Aragona, utilizzato da volontari di lingua tedesca (Mata).

▼ Nella stessa fotografia, Girona 1 (a sinistra) e Girona 2, in una piazza gremita di folla.

▲ Girona 3 con la sigla dell'anarchica Confederación Nacional de Trabajo nel 1937.

▼ Una serie di autocarri blindati Girona 5 fotografati in fabbrica.

▲ Autocarro blindato Girona 6.

▼ Si nota la mimetica molto elaborate di questo Girona 6, fotografato a Barcellona.

▲ I Ferrol numero 3 e 4 presso la caserma del Regimiento de Artillería de Costas n°2.

▼ Al termine della guerra civile i "tiznaos" sopravvissuti furono avviati dai nazionalisti alla distruzione. In questa immagine i resti di un Constructora Field "N°5" e di un Girona 5, demoliti dopo la vittoria sul fronte aragonese nel 1939.

▲ Uno dei prototipi del Carro Ligero Trubia Serie A Modelo 1926 in fase di assemblaggio in fabbrica.

▼ L'unica foto conosciuta del primo prototipo del Carro Ligero Trubia Serie A Modelo 1926, fotografato di fronte a un ostacolo costituito da un muro di pietra, in luogo e data imprecisati.

PROTOTIPI DI PRODUZIONE SPAGNOLA

La Guerra Civile spagnola fu un'occasione, probabilmente irripetibile, per il Paese iberico di mettere in campo tutte le conoscenze intellettuali, tecniche e tecnologiche della propria industria e dei suoi progettisti nella ricerca della realizzazione di un mezzo corazzato nazionale. Infatti, le esperienze maturate soprattutto in Marocco avevano evidenziato quale fosse l'importanza dell'arma carrista in una guerra moderna e quanto fosse importante disporre di carri armati e blindati all'altezza dei compiti richiesti alle unità corazzate. La Spagna negli anni '30 era ancora molto indietro nel processo di costituzione di reparti blindati e affidava le proprie unità a pochi mezzi decisamente obsoleti, come abbiamo visto in precedenza. Per questo motivo fu fortemente sentita la necessità di avere un carro armato di costruzione nazionale, che potesse formare la spina dorsale dei reparti carristi.

Lo scoppio della Guerra Civile trovò quindi un clima ricco di fermento intellettuale, trovò numerosi progetti in corso d'opera, altri in avanzato stadio di avanzamento, altri quasi terminati, e suscitò ulteriore interesse nella ricerca di un carro armato spagnolo, che produsse altri progetti, nati proprio durante gli anni del terribile conflitto.

CARRO LIGERO TRUBIA SERIE A MODELO 1926

Il carro armato leggero Trubia Serie A fu il primo carro armato progettato e prodotto interamente in Spagna, senza influenza o collaborazione straniera. Comunemente denominato Trubia A4, il primo prototipo fu realizzato nel 1926, seguito da un'ordinazione di altri 4 esemplari, che furono però completati solamente entro il 1934. L'idea originaria era di produrre 12 unità, ma il progetto fu ritardato dal colpo di stato dell'ottobre 1934, prima, e poi dall'inizio della guerra civile, dopo la rivolta del 1936. Con questo veicolo blindato l'esercito spagnolo prevedeva di sostituire i vetusti Renault FT-17, di origine francese, che avevano lungamente operato in Marocco, durante la Guerra del Rif. Purtroppo, a causa della scarsa disponibilità economica messa a disposizione, il programma subì rallentamenti e ridimensionamenti, anche in conseguenza alla convulsa situazione politico-sociale che la Spagna viveva in quegli anni.

Il primo prototipo fu inviato alla Escuela Central de Tiro di Carabanchel, per essere sottoposto a una serie di test, mentre il secondo prototipo fu completato nel 1931 e gli ultimi nel 1934. Il primo prototipo nel 1935 fu rimandato in fabbrica per subire ammodernamenti e riparare i danni subiti durante il processo di collaudo, gli altri tre esemplari furono inviati al Regimiento de Infantería Milán n° 32 ad Oviedo. Allo scoppio della Guerra Civile, questi 3 carri armati furono impiegati dalle forze Nazionaliste, mentre il prototipo che si trovava ancora nello stabilimento di Trubia, entrò in servizio con l'esercito Repubblicano ed andò perso il 10 settembre 1936, durante l'assalto repubblicano di Oviedo[1]. I tre carri armati delle forze Nazionaliste furono utilizzati soprattutto in maniera statica per rinforzare punti strategici a difesa della città. Il primo carro armato da combattimento progettato e costruito in Spagna non risulta impiegato in altri combattimenti al di fuori dell'assedio di Oviedo.

La peculiarità del progetto di questo corazzato era la speciale torretta, costituita da due metà sovrapposte, che potevano funzionare indipendentemente, ciascuna armata di mitragliatrice Hotchkiss; inoltre, lo scafo del veicolo disponeva di feritoie che consentivano all'equipaggio di sparare con armi leggere. Sebbene assomigliasse all'FT-17 francese, il carro armato era molto più efficiente sotto tutti i punti di vista, ed era alimentato da un motore Daimler tedesco da 75 CV a quattro cilindri. Recentemente, grazie agli sforzi (anche economici) dell'imprenditore asturiano Jorge Sandoval e del suo team, con cui collabora lo storico Artemio Mortera Pérez, è stata costruita una replica di questo mezzo, conservata nel museo militare della città asturiana di Colloto.

---

1 I Repubblicani impiegarono ad Oviedo anche un trattore Landesa, trasformato in carro da combattimento, che si trovava nella fabbrica d'armi asturiana, insieme al carro armato Trubia.

▲ Prove del motore di un esemplare del Carro Ligero Trubia Serie A Modelo 1926.
▼ Una fase di test fuori strada del Carro Ligero Trubia Serie A.

▲ Il primo esemplare del Trubia Serie A sul cassone di un autocarro, pronto per essere inviato a Madrid dopo il suo completamento. Di fronte al carro sono in posa le maestranze che parteciparono alla sua costruzione; all'estrema destra di vede l'ingegnere capo della fabbrica, Rogelio Areces.

▼ Uno dei carri Trubia A 4 utilizzati dai difensori Nazionalisti della città di Oviedo, come postazione fissa.

▲ Un carro armato Landesa, abbandonato dai Repubblicani e subito riutilizzato dai Nazionalisti, traina uno dei Trubia A4 impiegato come postazione difensiva fissa.

▼ La spettacolare riproduzione della Trubia A4, che è conservata nel museo di Colloto.

CARRO DE COMBATE LIGERO PARA INFANTERÍA MODELO 1936

Il Carro de Combate Ligero Para Infantería Modelo 1936, noto anche come "Trubia L.A. n° 1 rimase allo stato di progetto; viene citato in quanto influenzò direttamente (e pesantemente) la progettazione e la costruzione del Trubia-Naval, il carro armato più pesantemente prodotto della Seconda Repubblica spagnola. Le caratteristiche principali del Carro de Combate Ligero Para Infantería Modelo 1936 erano le dimensioni ridotte, un equipaggio di 2 membri, un motore da 80 CV, un armamento costituito da un cannone da 40 mm ed un mix di corazzature di diversa concezione, che andavano dai 3 ai 13 mm su due strati, integrate da intercapedini di 25 mm riempite probabilmente in legno.

CARRO ARMATO "TRUBIA – NAVAL"

Il Trubia-Naval era un carro armato leggero spagnolo costruito dalla Sociedad Española de Construcciones Navales (SECN) situata a Sestao, nei Paesi Baschi, derivato direttamente dal progetto del Carro de Combate Ligero Para Infantería Modelo 1936. Il carro fu progettato in emergenza allorquando, durante la guerra civile spagnola, venne creato lo Stato Autonomo Basco che decise di dotarsi di una propria forza corazzata. Data la difficile situazione in cui si trovavano le truppe Repubblicane nel nord del Paese, quasi del tutto prive di mezzi corazzati, nell'agosto 1936, il capitano Ignacio Cuartero Larrea fu inviato a Bilbao dalla fabbrica di armi di Trubia, per valutare la possibilità di produzione mezzi corazzati per il fronte delle Asturie; Cuartero Larrea aveva esperienza nella progettazione di carri armati, dato che aveva partecipato alla realizzazione del Trubia Serie A. Il nuovo carro risultò armato era armato con due mitragliatrici, una in una torretta rotante e l'altra nella parte anteriore. Non è noto il numero esatto di carri Trubia - Naval prodotti, le fonti oscillano da un minimo di 12 (dato più realistico), ad un massimo di 45, che servirono nelle file dei

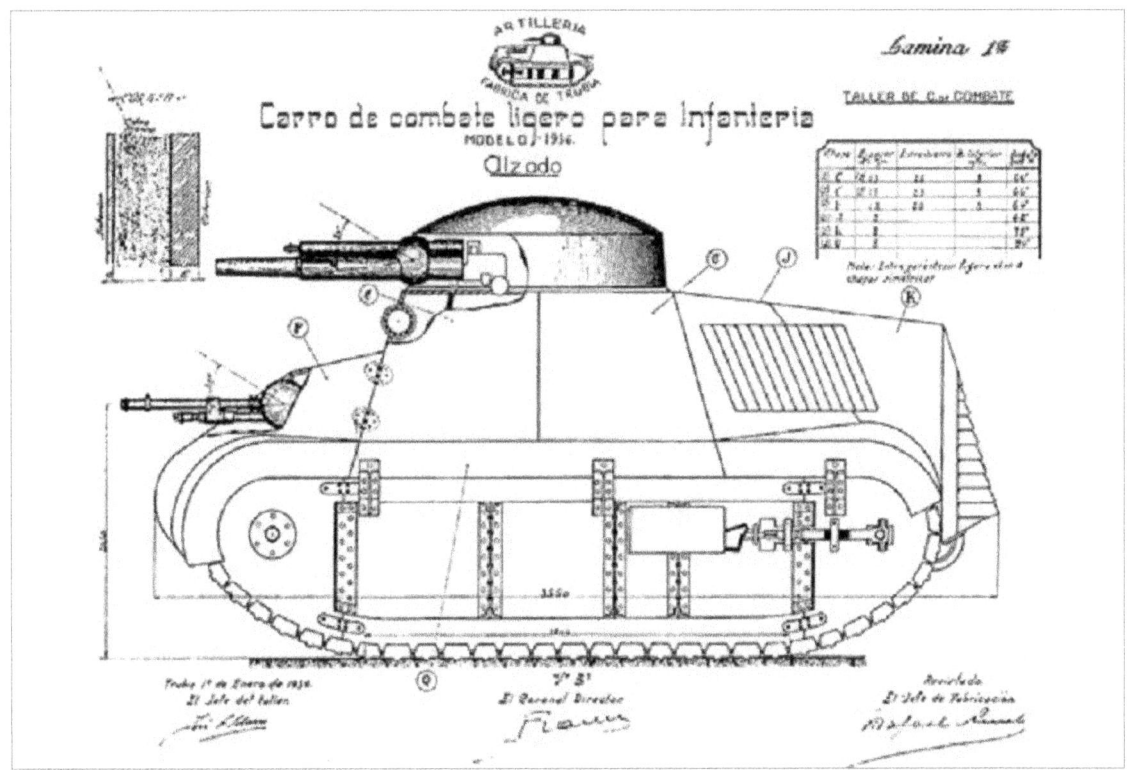

▲ Progetto originale del Carro de Combate Ligero Para Infantería Modelo 1936, disegnato da Victor Landesa Domenech e Rogelio Areces.

Repubblicani; alcuni furono catturati e riutilizzati dai Nazionalisti[2]. Esteriormente il Trubia - Naval era praticamente identico al Carro de Combate Ligero Para Infantería Modelo 1936, l'armamento era però differente, in quanto non vi era disponibilità del cannone da 40 mm, che fu così sostituito da una mitragliatrice. Il primo esemplare era equipaggiato con due mitragliatrici Lewis da 7,7 mm, mentre i carri prodotti successivamente ricevettero due mitragliatrici Degtyaryova Tankovy (DT) da 7,62 mm ciascuno, un'arma che era montata anche sulle autoblindo sovietiche BA-6 e FAI. La mitragliatrice frontale secondaria poteva avere un uso limitato a causa della sua posizione e per il fatto che doveva essere azionata dal conducente, essendo l'equipaggio limitato a soli due uomini. Il mezzo dimostrò avere un minimo valore in combattimento a causa dell'armamento troppo leggero, ed era afflitto da problemi tecnici, in particolare al treno di rotolamento, e caratterizzato da uno spazio interno troppo angusto.

I primi Trubia-Navali entrarono probabilmente in linea tra gennaio e febbraio 1937: quattro furono inviati nelle Asturie per prendere parte all'ultima grande offensiva e si presume che siano andati tutti distrutti. A giugno, poiché la città di Bilbao era in procinto di cadere, si pensò di spostare la produzione di carri armati a Trubia.

Nel mese di marzo del 1937 fu creato un Battaglione carri leggeri che includeva, oltre ad alcuni FT 17 ed alcune blindo russe, anche 5 carri Trubia. Il 5 Aprile un carro avrebbe distrutto una autoblindo improvvisata dei Nazionalisti e contribuito alla conquista di una collina occupata dalla Legione Condor; in seguito, i carri coprirono la ritirata su Bilbao. Il 6 Agosto i carri superstiti furono incorporati nell'Esercito Repubblicano, dato che l'intera Regione Basca era caduta, e furono impiegati nel contrasto all'avanzata nazionalista su Santander. Almeno un carro fu catturato dai Nazionalisti che lo reimpiegarono, disarmato, come trattore.

Alcune fonti (sostengono che il veicolo fosse stato chiamato "Tanque Euskadi" ("Carrarmato Basco"), ma, sebbene questa ipotesi sia affascinante ed evocativa, questo nome non fu mai usato durante la Guerra Civile.

▲ Il prototipo del carro armato "Trubia – Naval": appare evidente come il mezzo sia ispirato direttamente al progetto del Carro de Combate Ligero Para Infantería Modelo 1936.

---

2 I Nazionalisti mostrarono scarso apprezzamento per i Trubia-Naval, poiché ritenevano che fossero inferiori ai corazzati di cui disponevano; quelli che furono rimessi in servizio molto probabilmente furono usati solo per trainare pezzi d'artiglieria, mentre gli altri furono probabilmente demoliti.

▲ Lo stesso prototipo fotografato dall'altro lato.

▼ Il vistoso stemma metallico applicato sulle fiancate del Trubia – Naval. Nello specifico, si tratta dello scudetto del Trubia - Naval n°12, che fu catturato dai nazionalisti nell'aprile 1936. Nonostante fosse stato raggiunto un accordo per riconoscere il coinvolgimento nella progettazione e costruzione del veicolo sia della fabbrica di armi di Trubia che del S.E.C.N., al centro della placca troviamo solo la sigla del S.E.C.N.; da notare ai lati le iniziali dei sindacati Unión General de Trabajadores (U.G.T.), Confederación Nacional del Trabajo (C.N.T.) e Solidaridad de los Trabajadores Vascos (S.T.V.).

▲ Soldati Repubblicani Baschi durante un combattimento a Larrauri, a nord di Bilbao, appoggiati da un carrarmato Trubia-Naval.

▼ Militari repubblicani fotografati vicino ad un Trubia-Naval. Il portellone del carro è aperto e permette di vedere il pilota seduto al suo interno.

CARRO DE COMBATE DE INFANTERÍA TIPO 1937

Il Carro armato da combattimento per fanteria modello 1937 era un prototipo progettato nel 1937 presso la Base Navale "La Naval" di Sestao per le forze nazionaliste, studiando i tre principali carri coinvolti nella guerra civile: il T-26, il Panzer I e l'L3/35. Il carro era armato con una mitragliera Breda da 20 mm e due mitragliatrici leggere Hotchkiss da 7,92 mm (una coassiale alla mitragliera e una anteriore). Per migliorare le prestazioni del motore si ridusse la corazzatura e, per questo motivo, nonostante il progetto fosse stato stimato estremamente valido e si prevedesse la produzione di 30 esemplari, fu realizzato solamente il prototipo.

Successivamente questo prototipo fu trasformato in trattore d'artiglieria con l'installazione di un motore più potente e fu sottoposto valutazione presso la Escuela Central de Tiro de Carabanchel con buoni risultati, ma non giunse mai alla fase di produzione ed il prototipo è tutt'ora conservato presso l'Academia de Infantería di Toledo.

▲ Carro de Combate de Infantería Tipo 1937CV Breda. È evidente come il mezzo sia una sorta di puzzle tra elementi dei tre principali carri coinvolti nella guerra civile: il russo T-26, il tedesco Panzer I e l'italiano L3/35.

▼ Il progetto di questo carro armato, che non andò oltre lo stadio di prototipo, prevedeva un armamento costituito da una mitragliera Breda da 20 mm e due mitragliatrici leggere Hotchkiss da 7,92 mm.

CARRO BARBASTRO

Il Carro Barbastro rimane un vero e proprio mistero irrisolto nel panorama dei carri armati prodotti durante la Guerra civile spagnola. Si sa che ne fu realizzato un solo esemplare e che arrivò sul fronte dell'Aragona dove prese parte ai combattimenti e fu probabilmente perso. Non sono stati reperiti né disegni, né informazioni complete né fotografie chiare di questo corazzato, anche se alcune fonti indicano che ne furono prodotti ben 3 esemplari.

▲ Tutt'ora avvolto da un'aura di mistero, il carro armato Barbastro rimane un enigma impossibile da risolvere, dato che esistono solo due immagini di qualità scadente di questo mezzo.

▼ Il misterioso Barbastro in un'altra fotografia, che lo ritrae sul fronte dell'Aragona, in un ambito cittadino.

CARRO IGC SADURNÍ DE NOYA

Gli IGC Sadurní, noti anche come carri armati Sadurní, furono una serie di veicoli corazzati prodotti dalle officine Benach di Sant Sadurní d'Anoiaper, nota azienda produttrice di trattori. Allo scoppio della Guerra civile spagnola l'azienda fu collettivizzata e i trattori a cingoli iniziarono ad essere modificati come veicoli da combattimento, in due varianti: trattori d'artiglieria e trasporto truppe e carri armati, armati di mitragliatrice Hotchkiss. Lo studio di questi veicoli fu portato avanti dall'ingegnere Casanova e da Joan Benach Olivella: Casanova ideò la scudatura d'acciaio rivettato, mentre Benach Olivella si occupò della parte meccanica. Le difficoltà di produzione e riparazione, lo scarso armamento e i conflitti politici interni della Seconda Repubblica spagnola impedirono la produzione in serie dei veicoli corazzati Sadurní. Dopo gli eventi del maggio 1937, la loro produzione fu annullata e l'officina Cal Benach si dedicò alla riparazione di altri veicoli (soprattutto T-26). La versione d'assalto (carro armato) era un modello progettato per il combattimento in prima linea, ma a causa della sua mancanza di potenza offensiva, si dimostrò inefficace contro i veicoli corazzati armati di cannone, come i T-26B. Per questo motivo furono realizzati solo due prototipi di questo carro armato catalano nei primi mesi del 1937, che fu di fatto rifiutato dalle forze armate Repubblicane[3].

La versione trattore d'artiglieria e trasporto truppe aveva il cassone più basso, aperto e largo che permetteva di trasportare fino a sei persone. Questa versione era più utile, poiché la sua affidabilità, lo rendeva un buon mezzo per il traino di artiglieria e per il trasporto di personale, sebbene non risulterebbe mai impegnato in un combattimento diretto contro il nemico.

Non si sa nulla del destino di questi prototipi di entrambe le versioni: poiché la fabbrica produttrice era nelle mani del sindacato CNT, è probabile che entrambi siano stati impiegati da reparti anarchici sul fronte d'Aragona, dove la mancanza di mezzi corazzati era drammatica. I guasti e la mancanza di una logistica adeguata li resero probabilmente inutilizzabili in breve tempo, ma ci sono prove che un esemplare fu catturato dalle forze di Franco nel novembre 1938.

▲ I carri armati IGC Sadurní furono costruiti sulla stessa meccanica degli omonimi trattori costruiti dalle officine Benach di Sant Sadurní d'Anoiaper.

---

3 Non è da escludere che questi due carri armati siano stati riconvertiti nella variante trattore.

▲ Fotografia di fabbrica di un Sadurní blindato.

▼ Un'accattivante ed aggressiva immagine di un carro armato IGC Sadurní.

▲ Un Sadurní in versione trasporto truppe del sindacato C.N.T. fotografato a Barcellona nel 1937.

▼ Un trattore "Sadurní de Noya". A giudicare dall'aspetto degli occupanti del secondo camion, la foto deve essere stata scattata sulla costa catalana.

▲ Trattore d'artiglieria Landesa.

CARRO ARMATO LANDESA

Poco dopo la produzione del trattore d'artiglieri Landesa[4], nella fabbrica di Trubia, nelle Asturie, iniziò lo studio di una versione da combattimento dello stesso, concepita senza torretta e con una sola mitragliatrice frontale, con sospensione simili agli altri carri prodotti a Trubia. Durante la rivolta nelle Asturie nel 1934 furono completati, modificando due trattori d'artiglieria, due esemplari di questo nuovo carro armato, ma la motorizzazione era afflitta da problemi che non furono risolti prima dello scoppio della Guerra civile, fermandone la produzione in serie.
Non si sa cosa successe ai due carri armati Landesa[5] alla fine della rivolta, ma, dopo lo scoppio della Guerra civile, furono rimessi in servizio dagli operai e dai miliziani della città di Trubia. I due carri Repubblicani furono usati per la prima volta nell'offensiva contro Oviedo il 10 settembre 1936, nel corso della quale rimasero entrambi bloccati per un guasto. Dopo essere stati recuperati e rimandati in linea, uno dei due fu preso dai Nazionalisti: il 27 ottobre, durante una puntata perlustrativa attraverso il quartiere periferico di Naranco, un carro armato nazionalista Trubia catturò un trattore armato Landesa, abbandonato sulla terra di nessuno a nord di Oviedo, poiché guasto. Il secondo trattore Landesa[6] fu messo in campo dai Repubblicani durante l'ultima offensiva contro Oviedo il 21 febbraio 1937, quando, insieme a quattro T-26, dieci Renault FT, ed alcuni carri armati Trubia Naval, supportati da un certo numero di camion blindati, tentarono di sfondare le linee nemiche.

---

[4] Il comandante Victor Landesa Domenech, un ufficiale di artiglieria assegnato alla fabbrica di armi Trubia e Rogelio Areces, ingegnere capo della fabbrica, che già avevano partecipato alla progettazione del Trubia Serie A, avevano intrapreso un nuovo progetto in forma privata, basandosi su un trattore agricolo, modificandolo sulla base del Trubia Serie A, ma con alcune modifiche, trasformandolo in un trattore d'artiglieria, prodotto in 10 esemplari.
[5] Non esiste una denominazione ufficiale per questo carro armato, così come non sembra che Landesa Domenech o Areces gli abbiano dato un nome. Tuttavia, Artemio Mortera Pérez, uno degli studiosi più autorevoli sull'uso dei mezzi corazzati nella Guerra civile spagnola, lo chiama "Carro Areces". Questo fatto avrebbe un fondamento di realtà, dal momento che Landesa Domenech si unì ai Nazionalisti, quindi sarebbe cacofonico dare ai carri, usati dai Repubblicani, il nome di un ufficiale che combatteva con il nemico. Nessun documento del periodo utilizza però questa designazione; un documento del Servicio de Recuperación Nacional, redatto dopo la caduta di Santander, li chiama "Trubia-Landesa", probabilmente per la sorprendente somiglianza con i carri Trubia-Naval. È interessante notare che nella prima edizione di un libretto realizzato dalle autorità Repubblicane per insegnare a leggere e scrivere ai soldati e ai miliziani del fronte, era presente un trattore Landesa modificato.
[6] Alcuni testi riportano che furono più di uno i trattori blindati Landesa impiegati in questo attacco, in accordo con il fatto che viene indicata una produzione che andava dai 15 ai 18 esemplari, ma questi fatti non trovano alcun riscontro effettivo.

I Nazionalisti opposero i loro Trubia A4 e il trattore Landesa catturato e rimesso in condizioni di muoversi mesi prima, ormai usurato dopo un lungo periodo di servizio, in posizioni difensive a guardia dei principali accessi al centro città. Il Landesa dei Nazionalisti risulta ancora operativo tra la fine del 1937 e l'inizio del 1938, quando, secondo una testimonianza, fu visto sul colle di Santo Emiliano, a metà strada tra Mieres e Langero, inserito in un reparto di artiglieria, che presumibilmente lo utilizzava per il traino dei cannoni.

▲ Un carro armato Landesa per le vie di Oviedo, durante la battaglia che strinse la città.

▼ Immagine del trattore blindato Landesa, catturato dopo l'avaria al motore, da parte dei Nazionalisti che difendevano Oviedo.

CARRO ARMATO VERDEJA

Il Verdeja fu un carro leggero progettato proprio alla fine della Guerra Civile, inseguendo il sogno di avere un carro armato interamente progettato e costruito in Spagna, con delle prestazioni migliori rispetto ai T-26. Progettato dal capitano d'artiglieria Felix Verdeja, il carro somigliava vagamente al Merkava israeliano, ideato oltre 40 anni più tardi, ed il concetto costruttivo era basato sugli insegnamenti tratti dalla guerra civile. Si trattava di un veicolo leggero, la priorità nella progettazione fu data alla potenza di fuoco, seguita dalla mobilità e dalla protezione. Era armato, come il T-26, con un cannone sovietico da 45mm (anche se il team di progetto aveva previsto di dotare il carro di armi più pesanti, soprattutto a canna corta da 75 mm)ed una coppia di mitragliatrici coassiali, elevabili addirittura in modalità contraerea, una caratteristica estremamente utile in scenari di combattimento urbani o montagnosi, che tanto avevano penalizzato i corazzati negli scontri durante la Guerra Civile. Il prototipo fu consegnato il 10 gennaio 1939 e rimase l'unico corazzato di questa categoria realizzato nella penisola iberica. L'equipaggio era composto da 3 uomini, due dei quali alloggiati nella torretta tronco-conica, alla quale potevano accedere attraverso un portello situato nella parte posteriore. Il notevole campo di brandeggiabilità del canone in elevazione, da -8 a +70 gradi, ed il profilo veramente basso rendevano il carro particolarmente interessante. Il motore previsto inizialmente doveva avere una potenza di 120 CV, ma, poiché non fu reperito in tempi brevi nulla di simile, si decise di utilizzare un Ford da 85 CV di provenienza commerciale, posizionato alla destra del pilota.
Nel 1940 fu effettuata una serie di test comparativi tra il Verdeja ed un T-26B sovietico catturato, che venne giudicato inferiore al carro spagnolo. Quest'ultimo era più compatto, molto più basso e di sagoma più sfuggente, e poteva passare più facilmente inosservato del voluminoso carro sovietico. Venne decisa la produzione di un lotto di 100 esemplari, dotati però di un motore Lincoln-Zephyr da 120 CV, ma l'impossibilità di stringere un accordo per l'approvvigionamento e numerosi problemi legati all'ammodernamento delle strutture industriali decretarono l'abbandono del progetto nel 1941.
Il capitano Verdeja non si arrese e si concentrò nella ideazione di una versione migliorata del proprio carro, denominato Verdeja II, con una configurazione più convenzionale (motore e trasmissione posteriori e torretta e camera di combattimento anteriori), ispirata dalle esperienze della Seconda Guerra mondiale e con uno scafo influenzato dai carri sovietici, ma, il progetto non poté essere sviluppato celermente a causa degli stessi motivi che avevano portato all'abbandono della produzione del Verdeja I, insieme al fatto che il Governo della Spagna aveva stabilito di acquistare 20 Panzer IV Ausf. H e 10 Sturmgeschütz III entro la fine del 1943. La realizzazione del prototipo procedette così a rilento e fu pronto solo nell'agosto del 1944, senza però essere utilizzato. Negli anni '50 ci fu un breve ritorno di fiamma per il progetto Verdeja, poiché non vi erano sostituti per i T-26 ancora in servizio, ma l'arrivo di mezzi corazzati americani fecero definitivamente perdere ogni interesse per questo carro armato. Il prototipo del Verdeja II, intatto, fu trasferito al Museo de Infantería presso l'Accademia di Fanteria di Toledo nel 1973, dove tuttora sopravvive.
Esistono anche delle tavole progettuali per una versione più pesante di questo carro, datati tra il 1940 ed il 1943, denominati Verdeja III, sempre realizzate dal capitano d'artiglieria Felix Verdeja, non completate viste le difficoltà di avanzamento del progetto Verdeja II.
Il crescente interesse per l'artiglieria semovente sviluppato tra gli anni '40 e '50 del secolo scorso nato dalle vicende della Seconda guerra mondiale, spinse l'Esercito Spagnolo ad incaricare il maggiore Verdeja dello studio di una versione del Verdeja 1 armata con un obice a fuoco rapido da 75mm L/40, alloggiato in una casamatta aperta. Fu rapidamente realizzato un esemplare, impostandolo sulla base del prototipo esistente del carro; questo semovente fu ampiamente testato, ma, anche in questo caso, non superò lo stadio di prototipazione, probabilmente per gli stessi motivi che avevano fatto naufragare il progetto Verdeja II. Conservato per lunghi anni in stato di abbandono, dopo il 1973 il semovente iniziò un lungo pellegrinaggio tra scuole e caserme, per terminare la sua carriera presso il Museo dei mezzi corazzati della base di El Goloso.

▲ Il capitano Félix Verdeja, il Generale Luis Orgaz Yoldi e il Generalisimo Franco discutono le complessità del progetto del carro armato Verdeja I.

▼ Nel gennaio del 1939 il prototipo del Verdeja I fu sottoposto ad una estenuante maratona di verifiche relative alle sue prestazioni a San Gregorio.

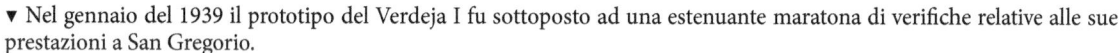

▲ I numerosi test condotti sul prototipo del carro progettato dal capitano Félix Verdeja permisero di dimostrare le ottime capacità di superamento delle trincee, fornite dalle sospensioni e dal telaio.

▼ Il Verdeja I sfonda un muro durante i test svolti a Carabanchel nel maggio 1940.

▲ Il Verdeja I ed un T-26B messi a confronto nel maggio 1940. Questa foto mette in evidenza la sagoma estremamente sfuggente del mezzo di fabbricazione spagnola.

▼ Il prototipo del carro armato Verdeja II esposto nel Museo dell'Accademia di Fanteria, a Toledo. Si nota la configurazione più tradizionale, rispetto al suo predecessore Verdeja I.

▲ Il semovente armato con obice a fuoco rapido da 75mm L/40, basato sullo scafo del prototipo del Verdeja I ai giorni nostri.

▼ Vista posteriore che permette di vedere gli interni della camera di combattimento del semovente da 75, che è conservato presso il Museo dei mezzi corazzati di El Goloso, nei pressi di Madrid.

BLINDATO UNL GOLIATH

Si trattava di un grosso camion blindato, prodotto nel 1937 dalla società Unión Naval del Levante, probabilmente in soli due esemplari, stando alla scarsissima documentazione fotografica. Nel Levante spagnolo c'erano due grandi imprese metallurgiche: la Altos Hornos de Sagunto e la società Unión Naval de Levante, che fino ad allora aveva lavorato per la marina. Dal 1937, controllata dallo Stato, la UNL fu ribattezzata Fabbrica n. 22 ed iniziò la produzione di veicoli blindati di qualità, con la consulenza di tecnici sovietici, seguendo appunto modelli dei veicoli corazzati che all'epoca prestavano servizio nell'esercito sovietico (FA-I, BA-20 e BA-6). Il Goliath fu l'ultimo modello prodotto dalla UNL e si ebbe notizia di questo mezzo solamente nel febbraio 1938, quando la fabbrica venne bombardata e completamente distrutta dall'aviazione legionaria italiana, causando la perdita di tutte le informazioni tecniche e i progetti di questa autoblindo. Oggi siamo a conoscenza dell'esistenza di questi prototipi solamente grazie al ritrovamento accidentale di alcune buste di fotografie, che mostrano i due mezzi, denominati sulle immagini "Carros Goliath" e vengono comunque identificati come Goliath A e Goliath B, per distinguerli. Le uniche informazioni conosciute sono desumibili dall'analisi di queste poche fotografie. I due esemplari presentano evidenti differenze esterne, ad esempio ciascuno ha posizioni di guida su lati diversi a destra e a sinistra (probabilmente per il Goliath A fu utilizzato il telaio di un camion inglese), lievi differenze nelle torrette e nei profili anteriore e posteriore. L'esemplare con postazione di guida a destra (prototipo A) ha un muso compatto simile al prototipo B, ma privo di porte di accesso al motore, la camera di combattimento anteriore è più stretta e leggermente inclinata all'indietro, con la feritoia del posto di guida a destra e feritoia per l'installazione della mitragliatrice a destra e, per finire, presenta una porta di accesso laterale più grandi rispetto al modello B. Quest'ultimo ha posizione di guida a sinistra, cofano alto e dritto, muso compatto con portelli laterali per l'accesso al motore ed il radiatore protetto da lamiere blindate di tipo cieco. Sulla parte anteriore della camera di combattimento, sul lato sinistro, è presente una feritoia sollevabile per il conducente e su quello destro è presente una feritoia per fare fuoco. La camera di combattimento è di forma rettangolare e l'accesso sembra garantito da porte di piccole dimensioni, presenti, probabilmente, su ciascun lato. I mezzi sembrerebbero mimetizzati in tre colori, un fondo verde e grandi macchi marroni ed ocra. Nulla si sa relativamente ad un eventuale loro partecipazione a scontri, ma almeno il Goliath A risultava in carico ad un reparto combattente, poiché sulla fiancata si trova uno stemma che lo colloca presso la 2ª Compagnia Autoblindo del 3° Reggimento Corazzato.

BLINDADO OTEYZA MODELLO 1935

Ideato nel 1935 per la Guardia Civil, il Blindado Oteyza era costruito sul telaio dell'autocarro GMC 1935 modello T23 CS, aveva una buona corazza ed era armato con una mitragliatrice Hotchkiss e una mitragliatrice brandeggiabile sul lato destro del conducente. Pur essendo un ottimo veicolo, con un design migliore ai mezzi suoi contemporanei, non venne mai prodotto in serie.

RINGRAZIAMENTI

La pubblicazione di questa mia prima opera di ricerca si è resa possibile grazie a due persone, che hanno creduto in me ed alle mie modeste capacità letterarie. Si tratta di Luca Cristini di Soldiershop – Luca Cristini Editore, che mi ha dato questa possibilità, e di Paolo Crippa, direttore della collana "Witness To War", che mi ha introdotto nel mondo dell'editoria militare, dandomi preziose informazioni e spunti, utili ad impostare, iniziare e terminare la stesura di questo primo libro, che sarà sicuramente affetto da tanti difetti, dovuti all'inesperienza. Devo poi ringraziarlo per avere concesso l'uso di fotografie del suo archivio e di alcune tavole estrapolata del suo libro "Carristi italiani in Spagna 1936 – 1939", che mi è anche servito come base per la stesura del capitolo inerente alle unità militari carriste italiane, impiegate durante la Guerra Civile nella penisola iberica.

Il mio ringraziamento va anche ad Antonio Tallillo, valente autore di numerose monografie sui carri armati italiani, che mi ha gentilmente fornito numerose immagini che appaiono in questo volume. Infine, mi scuso preventivamente per qualunque errore, omissione, imprecisione, dovuti in modo particolare alla poca dimestichezza che ho nello scrivere per dei lettori, trattandosi del mio primo lavoro editoriale.

L'autore

▲ Prototipo del veicolo blindato Oteyza No. 1 modello 1935.

BIBLIOGRAFIA

Libri

- Albert P.C., "Carros De Combats Y Véhiculas Blindados de la Guerra 1936-1939", Borras Ediciones, 1980.
- Ales Stefano, Viotti Andrea, "*Le uniformi e i distintivi del Corpo Truppe Volontarie Italiane in Spagna 1936-1939*", U.S.S.M.E., Roma, 2004.
- AA.VV., "*Storia dei mezzi corazzati*", Fratelli Fabbri Editore, Milano, 1976.
- Barlozzetti Ugo, Pirella Alberto, "*Mezzi dell'Esercito Italiano 1935 – 1945*", Editoriale Olimpia, Firenze, 1986.
- Benvenuti, Colonna "*Fronte Terra – Carri Armati Vol. 2/I*" – Edizioni Bizzarri.
- Benvenuti, Colonna "*Fronte Terra – Carri Armati Vol. 2/II*" – Edizioni Bizzarri.
- Barlozzetti Ugo, Pirella Alberto, "*Mezzi dell'Esercito Italiano 1935 – 1945*", Editoriale Olimpia, Firenze 1986.
- Battistelli Pier Paolo, Cappellano Filippo, "*Italian Light Tanks 1919 – 45*", "New Vanguard" n° 191, Osprey Publishing, Oxford (U.K.), 2012.
- Gianni Bianchi, Del Giudice Davide, "*Hombre sin medo - Uomo senza paura*", Associazione Culturale Sarasota, Massa, 2011.
- Capodarca Valido, "Immagini ed evoluzione del Corpo Automobilistico", volume I (18989 – 1939), Comando Trasporti e Materiali dell'Esercito, Roma, 1994.
- Cappellano Filippo, Pignato Nicola, "*Gli autoveicoli da combattimento dell'Esercito Italiano*", volume I, S.M.E. – Ufficio Storico, Roma, 2002.
- Ceva Lucio, Curami Andrea, "*La meccanizzazione dell'Esercito fino al 1943*", U.S.S.M.E., Roma, 1989.
- Chiappa Ernestino, "*C.T.V. – Il Corpo Truppe Volontarie italiano durante la Guerra Civile Spagnola 1936 – 1939*", E.M.I., Milano 2003.
- Crippa Paolo, "Carristi italiani in Spagna 1936 – 1939", Mattioli 1885, 2022.
- Falessi Cesare, Pafi Benedetto, "*Veicoli da combattimento dell'Esercito Italiano dal 1939 al 1945*", Intryama, Bologna, 1976.
- John F. Coverdale, "*I fascisti italiani alla guerra di Spagna*", Laterza, Roma - Bari, 1977.
- Mortera Perez Artemio, "*Los medios blindados en la guerra civil española: Teatro de operaciones del Norte 36/37*", AF Editores, Valladolid (E), 2007.
- Mortera Perez Artemio, "*Los medios blindados en la guerra civil española: Teatro de operaciones de Andalucía y Centro 36/39*", AF Editores, Valladolid (E), 2010.
- Mortera Perez Artemio, "*Los medios blindados en la guerra civil española: Teatro de operaciones de Levante, Aragón y Cataluña 36/39*", 1° volume, AF Editores, Valladolid (E), 2013.
- Mortera Perez Artemio, "*Los medios blindados en la guerra civil española: Teatro de operaciones de Levante, Aragón y Cataluña 36/39*", 2° volume, AF Editores, Valladolid (E), 2013.
- Parri Maurizio, "*Tracce di cingolo*", Associazione Nazionale Carristi d'Italia – Sezione di Verona, Verona, 2106.
- Petacco Arrigo, "*Viva la muerte! Mito e realtà della guerra civile spagnola 1936-1939*", Arnoldo Mondadori Editore, Milano, 2006.
- Pignato Nicola, "*Dalla Libia al Libano*", Editrice Scorpione, Taranto, 1989.
- Pignato Nicola, "*Motori!!! Le truppe corazzate italiane 1919 – 1994*", GMT, Trento, 1995.
- Pignato Nicola, "*Un secolo di autoblindate in Italia*", Mattioli 1885, Fidenza (PR), 2009.
- Puddu Mario, "*Carristi d'Italia in terra di Spagna*", Tipografia Artistica Nardini, Roma, 1965.
- Riccio Ralph, Pignato Nicola, "*Italian Truck-Mounted Artillery in action*", Squadron Signal

- Publications, Carrolton (U.S.A.), 2010.
- Rovighi Alberto, Stefani Filippo "*La partecipazione italiana alla guerra civile spagnola (1936 – 1939)*", Ufficio Storico Stato Maggiore dell'Esercito, Roma, 1992.
- Tallillo Antonio, Tallillo Andrea, Guglielmi Daniele "*Carro L3 – Carri veloci, carri leggeri, derivati*", G.M.T., Trento, 2004.
- Tallillo Antonio, Tallillo Andrea, Guglielmi Daniele, "*Carro FIAT 3000 – Sviluppo, tecnica, impieghi*", G.M.T., Trento, 2018.
- Tavoletti Francesco, "*Gli scudetti da braccio italiani 1930 – 1946*", Edizioni FT, Milano, 2000.
- Zaloga Steven, "*Spanish Civil War Tanks – The proving ground for Blitzkrieg*", Osprey Publishing, Oxford (U.K.), 2010.

Articoli
- AA.VV., "*Estampa*" n° 484, anno X, Madrid, 1° maggio 1937,
- AA.VV., "*Italiani in Spagna*" in "*Prospettive*" n° 6, 2a edizione, Edizioni di Prospettive, Roma, 1938.
- Caretta Luigi, "*Hermanos no tirar – I mezzi blindati artigianali della Guerra Civile Spagnola*", in "*Notiziario modellistico*" n°3/14 – anno 32, Dicembre 2014, G.M.T., Trento.
- Cattarossi Emanuele, "*Carristi italiani in Spagna – L'occasione mancata*" in "*Quaderni*" n°1/2004, Società di Cultura e Storia Militare.
- Ceva Lucio, "*Ripensare Guadalajara*" in "*Rivista Storica Italiana*", Fascicolo II, 1992.
- Chionetti Bruno, "*Guerra Civile, blindati di circostanza e l'arte dell'autocostruzione*", in "*Notiziario modellistico*" n°3/14 – anno 32, Dicembre 2014, G.M.T., Trento.
- Dominique Renaud, "*Carro de combate ligero Verdeja n°1*", in "*TNT*" n° 43, maggio – giugno 2014.
- Yann Mahé , "*No Pasaràn, une guerre mécanisée improvisée*", in "*Batailles et Blindés*" n° 36, aprile – maggio 2010.
- Laurente Tirone "*Mad Max en Espagne! Les matérieles du camp républicaine*", in "*TNT*" n° 39, settembre – ottobre 2013.
- Manrique J.M., "*Algo más sobre los "carros italianos" en la Guerra de España (36 – 39)*" -1a parte in "*Historia Militar*", Maggio 2000.
- Manrique J.M., "*Algo más sobre los "carros italianos" en la Guerra de España (36 – 39)*" -2a parte in "*Historia Militar*", Luglio 2000.
- Manrique J.M., "*Algo más sobre los "carros italianos" en la Guerra de España (36 – 39)*" - 3a parte in "*Historia Militar*", Settembre 2000.
- Martinez Rafael Trevino, "*Armored lorries of the Spanish Civil War*".
- Montanari Mario, "*L'impegno italiano nella guerra di Spagna*" in "*Memorie storico – militari*", U.S.S.M.E., Roma, 1980.
- Tocci Patrizio, "*Le autoblindo Lancia 1ZM*" - 3a parte in "*Storia Militare*" n° 69, Luglio 1999.
- Tomasoni Matteo, Grassia Edoardo, De Renis Alice, Bottoni Gaia, "*Agredir Para Vencer – L'inno della Divisione Mista Frecce – Un documento inedito della Guerra Civile Spagnola*" in "*Diacronie - Studi di Storia Contemporanea*" n° 12/4 – 2012.

Altri documenti
- Colonnello Babini Valerio, "*Relazione sulle operazioni da Rudila (9 marzo) a Tortosa (19 aprile 1938*", Raggruppamento Carristi – Comando.

TITOLI GIÀ PUBBLICATI - TITLES ALREADY PUBLISHING

BOOKS TO COLLECT

www.ingramcontent.com/pod-product-compliance
Lightning Source LLC
LaVergne TN
LVHW072118060526
838201LV00068B/4917